U0067381

照顧孩子的有效策略

以依附關係
為焦點之親職教育

Daniel A. Hughes ◆ 著

鄭玉英 ◆ 校閱

黃素娟 · 張碧琴 ◆ 譯

Attachment-Focused Parenting

Effective Strategies to Care for Children

Daniel A. Hughes

Daniel A. Hughes 是賓州 Annville 鎮的一位臨床心理師,專長在兒童及其家庭的治療。他同時也提供臨床訓練和督導,以及在美國、加拿大、英國、愛爾蘭和澳洲發表以依附關係為焦點的治療模式和工作方法。他的著作有《依附關係的修復:喚醒嚴重創傷兒童的愛》(*Building the Bonds of Attachment: Awakening Love in Deeply Troubled Children*)(中譯本 2007 年由心理出版社出版)和 *Attachment-Focused Family Therapy*(W. W. Norton & Co., 2007)。

校閱者簡介

鄭玉英

國立台灣師範大學心理輔導博士，任教於天主教輔仁大學社會
工作學系。

曾經創辦返璞歸真心理工作室，擔任懷仁全人發展中心主任。

目前是自由執業的諮商心理師，專長於婚姻家庭輔導、親子關
係重建、心理演劇等等。

黃素娟

學歷：北德大學教育碩士

現任：懷仁發展中心兒童及親職專業訓練及督導

　　　　荷光性諮商中心親職專業訓練及督導

專長：兒童及親子輔導、兒童遊戲治療、親子依附關係治療模式專

　　　　業訓練及督導、社工依附關係模式訓練及督導、親子遊戲治

　　　　療——主要照顧者工作坊

張碧琴

學歷：台灣師範大學教育心理與輔導學系博士

　　　　台灣大學社會學研究所應用社會學組碩士

經歷：桐心理治療所兼任諮商心理師

　　　　財團法人勵馨基金會中區辦事處專業諮詢委員

　　　　國立暨南國際大學師資培育中心、社會工作系兼任助理教授

專長：親子依附關係治療、親職教育與家長成長團體、創傷治療、

　　　　助人專業、依附取向模式督導

∽ 致謝 ∾

五十多年來，有了許多學者的研究，而有助於我們了解依附關係和互為主體在人類發展上的重要性。我要感謝的人太多了，以下這幾位是對我的研究發展最有幫助的人士，他們是 Alan Sroufe、Dante Chichetti、Mary Dozier、John Bowlby 和 Colwyn Trevarthen。我也很感激 Allan Schore 和 Dan Siegel 兩位理論學家，他們不僅採用這項研究，並且結合了其他領域的研究，還大力倡導把這些應用在其他領域上。不管何時何地，他們都給了我很多的支持。

我也希望在此表達對朋友的感激之情，他們讓我了解何謂依附關係和互為主體，而這不可能單從閱讀書本或參加工作坊即能理解。透過這份工作，我跟來自美國、加拿大、英國、愛爾蘭和澳洲的同僚成了好友。他們本人和他們所帶來的工作經驗持續影響著我的專業和我個人的發展。

在我整個生命歷程中，我的父母和手足是我的安全感和互為主體經驗之來源的一部分。我三個女兒已經教導我的——且目前還在持續教導我——不會比我教導她們的來得少；最近，我從身為一位外祖父的觀點，發現了這樣的事實，Alice Rose 雖然還懵懂無知，可是她也是教導我的人，並且是我現今生活中最重要的一部分。因此，這本書是特別獻給她的。

校閱者序

⊙ 親子對話可以如此精緻

　　這本書立於諸多親職教育書籍當中，是非常獨特的。首先是對於孩子需求的描述精準，其次是親子對話的精緻細膩幾乎無出其右者。或許因為這是出於一位治療師之手筆，是一本治療師的親職經典；也或許是因為出自一位祖父的心，因此格外有其溫厚與耐心，以及因多年執業而對孩子的內在世界持有的信心與把握。

　　本書作者 Daniel A. Hughes 是兒童依附關係修復心理治療（Dyadic Developmental Psychotherapy, DDP）的創始者，而本書兩位譯者則是國內 DDP 的實務工作者和培訓者。這種心理治療能夠幫助如同受創動物一般焦躁甚至自傷傷人的孩子恢復對世界的信任，並將已經撕裂的依附關係再度修復，重建與成人之間的關係橋樑。在作者的另一本書《依附關係的修復：喚醒嚴重創傷兒童的愛》中，對這種治療有詳細介紹和精采案例。黃素娟和張碧琴兩位譯者在過去幾年中也累積了不少本土經驗，且也已展開效果和歷程研究。因此本書給父母的建議和交談示範在觀點和精神上是與 DDP 一般無二的。

　　也許有人會問，用治療方法教育子女適合嗎？那就看我們怎麼理解關係的成長和治療了。

　　人際關係永遠會有決裂的可能，我們不是活在人際無菌室裡面，成長中的每一天都有機會經歷挫折和誤會，或輕或重的受傷常在發生。若能及時處理就是很好的治療和預防，也能激發更多生長。

　　受傷沒關係，關係出現決裂痕跡或受傷之後是否能妥善修補才是重點。修補得好，這份關係會更有韌力；修補不當，有時反而火上加油，情況更糟；若是棄之不顧、不予理會，日子久了，就會累

積出太多情緒垃圾，甚至是對他人的苦毒怨恨。這種情況在各種關係中都可能會發生，何況是年幼而無力主動修補或常會使用不當方法補償的孩童？

任何東西在修補時，往往需要比製作時更加費心和細膩，因此修復的藝術在建立關係上一定有其參考價值。本書所推薦的 PACE是建設與修補都需要的要件，倘若在子女成長過程中運用這樣的態度，是以安全的方式深入內心，協助人格建立，讓他們以健康安全的方式在父母陪伴下度過障礙挫折，是很蒙福的。如果你的孩子無法在完美的氛圍中成長，例如過去已經有受傷經驗或跟成人的關係已有嫌隙，甚至只是因為父母的工作狀況或生活現實無法使他滿足，或因某些因素無法時刻留在孩子身邊而有分離造成的裂痕，都可運用這種教養方針以發揮修補與滋養功能。

在閱讀中，你會發現我們需要了解孩子的情緒，以及後面的動機和內在需求，還有動機下的動機。讓自身和對方都還沒有察覺的內在意義可以浮昇出現。正向動機常常存於深深相愛的親子當中，這是無庸置疑的，正向動機被理解了，對雙方都是釋放和療癒。

生活中有好多問題要解決，事實上也有些問題是解決不了的。在家人當中保留一些些時間不為解決問題卻單單關注於關係本身，這樣的動作看似奢侈而浪費時間，其實是重要的、值得的。在其中增強了內在力量與關係強度，縱然問題仍然存在，解決問題的人卻更穩了，因為確定自己被愛、有價值、有歸屬、有人在乎。

這本書最精采的是對話錄，許多章節中都在簡短敘說理念之後就有對話錄，可以在其中見其精微，也只有如此學習，我們才可能修練出另一套語言系統。我們在聽音樂會時常讚嘆那飛躍鍵盤或按著琴弦的手指，心想這是怎麼辦到的？其實就是練出來的。這種說話方式是一種修練，難也不難，但多半不會是你自小或天生的習慣，

絕非想做就做得到，但是一定可以經操練而成功做到。當然更大的修練是在父母自身的情緒與容量，以及你是否相信人應該這樣被對待，包括你自己。

當你全盤消化而抓住本書的一些原則後，可以推而廣之用到你所愛的其他人身上，如果你抓到箇中精髓，則往往可以適用在配偶身上。也會發現其能化解緊張，有時還能使剛硬的態度軟化，使得關係柔和、了解加深。你不妨一試。

最困難的情況是當對方拒絕——連你的善意親近都冷冷拒絕時。本書建議的是就連他的拒絕也接受，你一定會問拒絕靠近又如何能修復關係呢？這是比較難的。然而，人際關係的弔詭卻是：給予一個可以拒絕的空間，反而會讓他人比較願意接近——這多半是在等一小段時間之後。

家長可能有下面的疑慮：

一、這樣體貼孩子會不會寵壞了小孩？

仔細讀來，你會發現對孩子該有的設限與分辨的原則。例如，需要跟想要是區隔開來的，情緒跟事實也不相同，跟孩子情緒調和並非失去父母的原則也非完全改變設限的初衷。父母要兩手作業，一隻手滋潤，一隻手設限；一面給予好品質的心理營養，一面堅定的立界限、設限制。兩者都是成長中的孩子的安全感來源，缺一不可。

二、自身從未有過這樣的經驗，這怎能做得到？

是的，也許你由自己過去的成長經驗來看這些，發現實在太陌生、太不熟悉了，也許你覺得人生怎麼這樣不公平？自身未被善待，卻要給孩子這麼精緻的養育？如果你有這些情緒，是的，你值得回顧和重塑一下自身的經驗，萬一你覺得這不公平，更需要先照顧自己的心情，你需要尋回自己內在最深的渴望，縱或你當年未曾被滿

足，仍要肯定自己有需要。若是如此，本書的育兒態度和交談方式也許格外挑戰你的信念和價值觀。如果你的下一代可以跟你有不一樣的經驗，更加被善待、更加接近自己、更加有察覺，你認為值得嗎？准許自己的習慣過去，產生新我來因應兒女，或許你就翻轉了家族的世代傳承，你覺得如何？

　　本書出版時正好趕上我的外孫出世，因此寫序之時正成為祖母，年老之時看孩子，因為隔了一世代，又有一番不同的眼光與豁達，不再短視的為孩子的一句頂嘴怒不可遏，或為孩子的一個錯誤氣急敗壞。回頭看自己年輕時在孩子身上的偏差與錯誤，許多是因年輕氣盛求好心切，如今看來難免會想何必當初。其實孩子的生命是可以信任的，倘若父母不過分急促，他的速度更會平穩，他的自發更加展現。

　　讓我在此首次以祖母之心祝福年輕的父母親，要一步一腳印走過每一個生命季節，且相信每一年紀的人都值得被善待、被尊重。盼望這本書上的方式帶給你更寬大的心胸，盼望在你聆聽孩子、陪伴孩子的過程中，也使自己的內在孩童得到玩樂和安慰。

鄭 玉 英

我已經採用了依附關係這模式跟孩子及照顧者工作多年，不管是親生父母、收養父母或寄養父母、育幼院內的照顧者，我都深深體會到當孩子的聲音被聽懂，或被了解到其行為背後的不安、擔心、混亂時，孩子往往就能對自己錯誤的行為所造成的傷害感到自責，而不是做出激烈的情緒反彈，並且能如釋重負地打開心中的隱憂、想法，這時候照顧者若能在擔心孩子行為的同時，靜靜地聽取孩子的內心世界，往往可以看到這以心會心的一刻，人性當中的善及愛就能流露無遺。所有的傷害行為只是人的脆弱及需求在作用，沒有一個照顧者或孩子想要去做出傷害彼此的行為，甚至被誤認為是惡魔。

這十多年跟父母親工作的歷程中，當我看到照顧者在自我覺察、反思的過程中，看懂了自己的需要及脆弱，接受自己的限制，坦承自己是「人」不是神後，就能夠知道孩子因脆弱及需要不被滿足時，何以會發生情緒問題及不當行為，並進而針對其內在給予適當的行為管教，避免流於過嚴或過縱，而孩子也可以在「服權」當中接受照顧者的管教；同時也會知道如何包容自己要改變的困難，也願意包容孩子其在成長中是需要時間及不斷地從犯錯中學習。因為他們了解到孩子的大腦正在發育當中，自我控制力弱，必須透過了解孩子內在真正的需要而加以協助。光用嚴厲及兇惡或是壓制的方式，只會讓孩子的大腦更容易停留在恐慌中，無法發展自控力。

Daniel A. Hughes 這本寫給父母的書，正是很具體的從理論到例子中，描述如何協助孩子內在的聲音被聽到，照顧者自我的照顧及

了解如何幫助自我控制情緒，並且能夠真正讓孩子感到安心安全地去打開內在，從而反思自己的行為，學習為自己負責任。

在此再次感謝恩師鄭玉英老師校閱本書並給予指導，同時也持續在這模式的使用上給予肯定及支持。還有要感謝的是好友莊學琴為這本書所做的修訂，及不斷透過討論，使這本書的精神更能完整呈現。

黃素娟

目 錄

照顧孩子的有效策略

CHAPTER

緒論

連結 vs. 糾正

9 歲的約翰，雖然記得媽媽告訴他，必須做完家事才可以看電視，但他還是在完成家事前打開了電視。他破壞了規矩，而這時候若是有人問他為什麼要這樣做，他可能不經思考的回答：「我想要看那個表演節目。」如果再多想一下，他還是會很簡單的回應說：「我就是想要看嘛。」

如果媽媽發現了，並給予回應，對那男孩來說，那狀況的意義就會不斷地改變。她的想法和感覺會進一步讓孩子自己發展出針對該行為的想法。如果媽媽體驗到那是一種不服從的行為，孩子會很容易體會到自己是不服從的；如果她看成是懶惰的跡象，他會很容易認為自己是懶惰的；如果她認為他是自私的——因為他把自己的希望放在她的期待之上，他很容易把自己看成是自私的人。同樣地，他也許會變得鬼鬼祟祟、反抗或是不尊重他人——如果他的媽媽如此看待這件事。

如果媽媽經驗到該事件不是那麼負向，那狀況的意義對該男孩

就會有所不同；如果她不將之視為重要的期待行為，而當成是 9 歲孩子常有的現象，那孩子就可以一般孩子常態的觀點來經驗此事；如果她認為他一整天都很不好過，在做家事之前，想要稍微放鬆一下，很可能他也會經驗到他的動機跟他媽媽的看法是相似的。在上面的任何一個例子中，他都不會體驗到自己的行為是代表他這個人的負向訊息。

　　另一個可能性是媽媽注意到了孩子的行為，但不做任何他為何會如此做的假設。她或許認為隱藏在孩子行為背後的想法、感覺、期待和意圖的意義，也許連孩子自己都不知道實際的意義是什麼。她不去批判他的動機，只是單純地觀察他的行為，然後再決定是否要對他的行為做出回應；或是先跟孩子一起探討他的動機所在，然後再決定如何反應。她不對孩子的行為做標籤，而是跟孩子一起去了解那意義所在。因為他可能不知道為什麼他會那樣做，這樣的討論也會讓兩人都可以了解該行為的意義。所以他們會有以下的對話：

　　媽媽：我發現你沒有把你的東西收好。

　　約翰：媽，我知道，但我看完電視之後就會去做。

　　媽媽：我們說過要先把東西收好。是什麼讓你沒有先做好，
　　　　　　就打開電視來看？之前你有很多時間可以做事情的
　　　　　　呀。

　　約翰：媽，我知道。我剛才在看書，沒有注意到時間。

　　媽媽：好吧，約翰，你可以把電視看完，然後完成你要做
　　　　　　的事。之後你來告訴我你看的書的內容，我猜一定
　　　　　　很有趣！

　　在這個例子中，約翰的媽媽覺得孩子對書和電視節目都有強烈

的興趣，導致他沒有時間完成他的家事。她更進一步想到，孩子很少不遵守規則，所以她決定讓孩子先看完該電視節目，且不認為這是鼓勵孩子以後可以不遵守規則。媽媽了解到他的理由是他有兩種興趣和有限的時間，而這就讓她比較容易出現有彈性的反應，而不會認為他是故意測試她的權威。如果她注意到這已經成為一種模式，她會說她希望孩子能事先得到她的同意：讓他先看完該電視節目之後才去做家事。如果他沒有如此做，她甚至可以關掉電視直到他完成家事。如果那還不夠，她可以告訴他：當天或甚至第二天也不許看電視。

但是約翰的媽媽也許會決定就算他無視於她的規定，仍選擇跟孩子一起去探索他故意測試她權威的動機，而不只是引發緊張氣氛，再來承擔後果。

媽媽：約翰，我已經告訴過你好幾次，如果你想要在完成家事之前看電視，必須先得到我的同意，可是你又先開電視了。為什麼？

約翰：我不知道，我就是想要！

媽媽：聽起來你真的很想要。是什麼讓你對遵守這規則感到這麼困難？

約翰：我又不是小小孩！幹嘛要先問過才可以看電視啊，我又不是笨蛋。

媽媽：你真的對這做法很生氣。如果你認為我把你看成小小孩一樣對待，那對你來說一定很不好過。

約翰：是呀，你就是這樣！我9歲了，不是2歲！

媽媽：看來你已經夠大了，你認為你應該可以做你想做的事，而不是我告訴你做什麼才去做，像是要你把家

事先做完。

約翰：是呀，為什麼我要去做？

媽媽：因為你愈長愈大，所以你認為我不能夠再指揮你什麼該做，什麼不該做。

約翰：是呀，沒錯。

媽媽：我聽明白了，孩子。部分的你正在長大，這是很重要的，但是很困難。你和我對什麼是你該做的、什麼是你不該做的部分有些不同的看法。我們可以共同來解決它。現在我是真的希望你先完成要做的家事，才去看電視，而且如果你想要看完電視才去做，就必須先得到我的同意才可以。我知道你不喜歡那樣子，可是我還是認為這是很重要的，你必須如此。

約翰：我不喜歡。

媽媽：我知道你不喜歡，約翰。我了解。因為你漸漸地長大，你很清楚你要什麼和不要什麼。我覺得這是好事，雖然有時候我們彼此會有不同的意見。

約翰：好啦，好啦。我關掉那笨電視。不過，我覺得這是不公平的！

媽媽：我了解。不管怎樣，謝謝你願意如此做。而我真的很確定，你已經不再是小小孩了。你現在可以很好地處理很多事情，就像你現在每天都會去學做一些新事情。做得好！

在這一連串的對話中，當約翰在測試媽媽的權威時，媽媽開放地跟他一起探討動機，他可以了解到他是想到自己已經夠大了，可

以漸漸有能力決定要做什麼。他開始認為單單告訴他去做什麼是一種仍是小小孩的記號。他的媽媽可以支持他出現的這種覺察，視它為發展上的無價之寶，承認這會造成他們彼此之間的衝突，同時對他們堅固的關係足以處理他們的衝突有信心，而且仍然告訴他要遵循規則。她評斷他的行為，但不批評導致他行為的內心世界。這樣做，她可以持續協助約翰整理生活中的經驗，包括他自己的行為和她的反應。約翰聽到媽媽把他的行為跟他這個人的內在分開之後，就比較願意接受她對他行為上的權威管教，同時仍然可以經驗到自己是一個逐漸在增加自主性的大孩子。

在這例子中，約翰媽媽的不同反應，由她對這行為發生的原因及其發生率和此行為的重要性的看法而決定，還有約翰跟她溝通時，每一句的回應也是關鍵。如果她選擇強調他的行為，她就會透過非批判性的好奇去探索他可能的動機。這做法讓她可以尊重約翰自我感的發展，也可以滋養他所發展的角色。

依附理論及研究已經有力地說服我們：孩子的內在比他們所有行為的總和還要多，而我們對他們的了解和關係的建立比批判他們的行為來得可靠。依附理論提出從內在去了解孩子外在的知識，而這知識是跟孩子建立關係的基礎。

我成為孩子與其父母的治療師已經超過三十年了。很多時候，我是跟那些曾經在家裡被虐待和疏忽的孩子一起工作，那些孩子到頭來不但失去了學習的時機點，也失去了信任的能力，並且也無法跟人一起學習。為了要了解和協助這些孩子，我一直遵循那些研究依附關係人士的教導，他們把它應用在人類的發展上。我找尋方法去深入接觸孩子，也發展出一個比較詳盡的方式去指導所有的照顧者——以依附為焦點，盡其所能地養育他們的孩子。我從一個治療師的狹窄觀點——把焦點放在一個受到嚴重破壞依附關係的孩子身

上，漸進地把焦點放在關係本身的特質和它們如何應用在養育孩子上。我在臨床上的工作也顯示了我現在提供以依附為焦點的治療，不只適用於寄養和收養家庭，也同時適用於一般家庭（Hughes, 2007）。

寫這本書的目的是要作為家長的指引，同時也作為那些正在研究有效地去愛、管教，和跟不管是 3、7、13 或是 17 歲孩子溝通的心理健康臨床人員及父母親教育者的資源。這書提供了設定界限、給予教導，和處理日常生活的責任及困難所需的方法，而同時也傳達了安全、趣味、快樂和愛。雖然主要的理論和研究是來自從出生到 4 歲的兒童，但很明顯地，它也可以應用在所有從嬰兒到青少年後期的小孩身上。

在認識人類大腦如何運作以維持良好關係，而這種關係又如何影響一個人的發展認知、情緒、社會、行為、甚至是生理方面，我們已經進入了新時代。沒有比親子依附關係更能讓這些萌芽的知識更顯而易見、不證自明。沒有比做出養育孩子的決定和建議，能讓這些知識的實際應用更重要。這本書努力地把從神經生理學和孩子發展的研究中所出現的大量知識，連結到孩子教養的原則和介入中。

成功的教養做法及孩子最理想的發展核心，是孩子可以跟他或她的照顧者建立安全依附關係。這事實一直被忽略，就好像魚兒忽略水一般，因為許多人喜歡那種強調對孩子的行為給予獎賞和處罰的理論，以增進父母對孩子發展的影響力。這已經被認為是直接、單向的過程：當獎勵是隨著照顧者所選擇的正向後果出現時，孩子的好行為會隨之增加；如果跟隨在行為之後的是沒有獎勵或是負面的後果，則其行為也會減少。這樣的行為學習與後果之間的連結，在早期的行為模式中是被強調的。但相同的學習理論到了後期，則致力於定義親子關係，強調照顧者增強學習的時機和能力。經由這

種做法，豐富的和全面的存在於親子之間的互惠關係及人際間的學習，就被忽略掉了。

　　親子間的依附關係是影響孩子發展的核心要素。孩子的發展中心不是糾正，而是跟照顧者之間的連結。所謂連結，不是糾正，而是不斷重複地指導孩子朝向正向的態度，但不會犧牲掉他的自主性和個別性。成功的教養是持續地努力找到獨立和依賴、自由的選擇和遵守規則、自主和情感上的親密，以及維持安全和尋求探索之間的平衡。透過把焦點放在親子關係，人們就能夠為個別的孩子找到最適當的平衡點。

　　一本教養孩子的書，如果可以說出在某年齡層、某一狀況下，照顧者應該如何回應孩子某一特別行為，會比較容易寫作。這樣的著作像是父母的手冊，在困難的時候，隨手拿來翻閱。但是，這樣的書無可避免地會忽略有效的親子關係和安全依附的本質等基本要素。這些要素包括照顧者必須了解行為的意義之後，才會知道如何做出最好的反應。其意義包括了跟行為有關的想法、感覺、期待、意圖、觀點、價值和記憶。找到行為的意義，伴隨著最適當的回應，這需要有互惠的親子關係才行。孩子的反應持續地指引照顧者去拿捏、微調，或甚至是完全改變之前的做法。

　　親子關係就像所有的關係，是一種交互作用的影響；每一個人對他人都會有影響，這造就了成功的關係。身為照顧者允許孩子去影響自己，並不會就此減少照顧者的權威，照顧者反而變得更有智慧、更有效率，也讓孩子更容易接受。因為這種微調的本質和存在，當一位照顧者允許孩子對她的決定有所貢獻時，照顧者跟隨孩子去調和自己的做法，使得所做的干預在有關狀況下有所助益，並有利於關係的發展。照顧者和孩子之間進行一種彼此經驗交流的互惠舞蹈，讓互動有助於當下狀況的處理。就像自我指導一樣，從有能力

影響照顧者指導自己的行為中，孩子學習到更多。孩子扮演著某種指導角色，其內在的重要性是幫助照顧者做出對他最好的決定，孩子的內在是照顧者之內在的一部分。

經由積極反應孩子對照顧者指令的回應，照顧者提供了一個最適合該狀況且有利孩子自我指引能力發展的指導。與其尋求孩子的服從，照顧者跟孩子結盟，其觀點和經驗反而對孩子行動的成功有所貢獻，但又不會去控制這些行動。在這種狀況下，照顧者和孩子站在合作的位置，朝向發現最適合該狀況的處理方式。在這個架構裡面，受到依附理論和研究的影響，管教事實上是雙向的，一方面加強親子關係，另一方面支持孩子自己去發展技能。

但是子女的教養，特別是以依附為焦點的教養，不只是教導和管教，而是有更豐富的內容，也就是安全感、安撫、支持和互惠的樂趣及分享，其有利發展和關係的增強。這樣的內容讓孩子可以經驗到深層的自信和承諾，以此讓所有的經驗，特別是親子的經驗，變得可以同化和統整到發展中的自我感。這樣的經驗是提供孩子價值感、被愛和可以去愛的核心。其提供了開放及探索的有效位置，引發一種動力，讓孩子去發現自己和他的世界，特別是他家庭的世界。

父母的角色是給孩子生命，然後給予他們機會發展自主和親密的平衡，從而在每一當下，獲得兩者深層的意義及目的。在依附為焦點的教養裡，照顧者使用來自她跟孩子的關係的獨特知識，以其作為指引去教養她的孩子。照顧者和孩子發現他們投入參與的這時時刻刻的調和舞蹈，是快樂和愉悅的來源，也是覺察和了解彼此的想法、感覺和意圖的來源。這種覺察是最好的指引，其讓我們知道什麼對我們的孩子和我們跟孩子的關係最好。這本書企圖去描述以此關係為基礎的知識的本質，和藉此發展的主要因素。

　　為了清晰起見，當指一位照顧者／父母時，會用「她」來代替，除非是特別要指出是父親時，才會用別的；而「他」用來代替孩子，除了特別要指出是女孩子時才會用別的。使用「她」和「他」，讓我們更容易在文章討論中，分辨出是指父母／照顧者，還是指孩子。這既不是要忽略父親角色在孩子發展中的同等重要性，也不是要減少女孩在這項工作中的相關性。

　　　　愛你的孩子
　　　　學習來自她內在的歌
　　　　對著她唱出來
　　　　當她忘記的時候
　　　　　　——無名氏

照顧孩子的有效策略

CHAPTER 1

何謂依附關係？
照顧者如何影響依附關係的建立？

　　當我們了解親子關係的本質和依附關係的重要後，我們就可以看到它對孩子的情緒、認知、社會、溝通、甚至是心理及大腦神經的影響。同樣地，我們也可以看到自己身為照顧者時，它是如何影響自己為人父母的發展，雖然這並不容易察覺。

依附關係的背景資料

　　依附理論和研究的「創始人」是 Mary Ainsworth 和 John Bowlby。他們認為依附關係包括了六個要素，其中五個要素跟情感的連結相關。依附關係是：

　　1. 持久不斷的，而非暫時的

　　2. 針對特殊的人

　　3. 以情感為重點

　　4. 以與對方維持接觸為導向

5. 當出現非自願地與重要他人分離時，會出現悲痛情緒

6. 具有找尋安全及安撫的特色（這要素被認為是依附關係的獨特需求，Cassidy, 1999, p. 12）

這六個要素看起來像是一般常識，但它們仍需要詳細說明，因為很多時候人們都視其為理所當然，但在養育孩子過程中，卻沒有如期的對孩子產生影響。家庭型態不斷轉變，因為遷移而跟大家庭家人及朋友失去連繫，或因離婚和再婚而有組合家庭出現。隨著雙親在外工作時間加長，參與孩子互惠及有趣的活動減少，而與孩子分離的時間增加。當親子之間關係的困擾增加，跟孩子建立關係的機會減少，把焦點放在孩子行為上的壓力便會增加。教養的趨勢是想要趕快找到方法，盡快解決問題，但結果往往讓照顧者更失望。

有趣的是，為什麼依附關係中的這六個要素如此重要？為什麼孩子需要不斷有一位獨特的照顧者與其連結，而不能時常改變照顧者？為什麼在經歷分離的痛苦後，重新在一起時，需要不斷重複的接觸以帶給孩子安全感和安慰？如何和為什麼照顧者成為人對自我及世界學習及發現的基礎？要回答這些問題，我們必須要意識到孩子的發展跟他與照顧者的關係的本質密不可分。

帶有安全依附特徵的關係，有利於孩子在很多方面的發展，包括生理及情緒的調整、自信、復原力、跟同儕相處的社交能力、同理心、象徵遊戲、問題解決、智力發展、溝通和語言能力，以及自我統整和自我價值感。安全的依附關係對於上述各方面的發展，在學齡前孩子身上已經可以看到效果，只要沒有任何嚴重事件危害依附關係的安全感發展，其影響可以延伸至兒童期、青少年期，並到成年期（Cassidy & Shaver, 1999; Grossmann, Grossmann, & Waters, 2005; Sroufe, Egeland, Carlson, & Collins, 2005）。

大概有三分之二的孩子顯現出安全依附，而且有助於其正向發

展；其他三分之一的孩子在關係上呈現不安全。大部分沒有安全依附關係的孩子，雖然其模式會帶來限制，而且在某些發展階段上會出現危機，但仍然有制式（organized）的依附。所謂「制式」，是指當孩子在痛苦的時候，他會對照顧者呈現一連串相當刻板化的反應。有一種依附模式是制式的逃避：孩子在其發展上不會感到依賴照顧者是重要的，而是過度強調依靠自己的能力。這些孩子普遍出現高失敗率及很難減輕痛苦，因為他們不想求助照顧者的參與，即使那是對他有助益的。另一種模式是制式的矛盾：孩子過度強調對照顧者的依賴，而忽略發展依靠自己的能力。這些孩子在處理日常生活的能力上有困難，因為他們沒有發展出當照顧者不在時依靠自己的能力。第一組強調獨立重於關係，而第二組強調關係重於獨立。在這兩組中，安全依附的孩子和有能力提供依附的成人都無法找到平衡點。研究很清楚的說明，當安全依附的孩子成人後不會變得依賴他人；如果你可以給予切合孩子安全的需要，你的孩子可以發展出優秀的自我依靠能力及韌性（resiliency），同時也可以在他們需要協助時，依賴重要他人。

最後一組是沒有安全依附照顧者的孩子；當在悲痛的時候，他們不會呈現跟依附有關的有系統行為。這些孩子被認為是錯亂的依附（disorganized attachment）。他們不會持續成功地依靠自己或是他們的照顧者。他們對壓力的反應是不可預測的，因為他們缺乏可以協助他們處理那些事件的自我依靠及依賴關係的能力，他們很僵化地想要操控生活中的事件，好讓他們感到安心，可以逃避那些有壓力的事情。這些孩子不但缺乏安全依附關係的正向助力，在童年時期和成人後，還會出現很多心理問題的危機，包括攻擊、注意力不集中及過度警覺、品行和其他行為問題，還有焦慮、憂鬱症及解離等（Greenberg, 1999; Lyons-Ruth & Jacobvitz, 1999; Sroufe et al.,

2005）。

這本書的焦點是強調安全依附關係對親子關係的重要，它同時也是個人發展的原則。

依附關係的概念

比起一些依附關係的研究者，這本書是用較寬廣的態度來看待親子關係。安全感及探索是親子關係最主要的要素，而這兩者都受到依附關係的影響。以下引用 Grossman、Grossman 和 Zimmermann 的說法：

> 當孩子在適應的過程中遇到挑戰，安全依附的孩子可以有彈性的探索可能的解決方法及態度，同時可以在探索過程中保有安全感，如果他們能力不夠時，他們可以依賴及請求社會資源。我們叫它「較寬觀點的依附」（wider view of attachment），面對逆境時可以自由地探索，而且可以自由地要求及接受幫助，這兩者都是必要的，且是安全感的重要觀點（1999, p. 761）。

Colwyn Trevarthen（2001）談到嬰幼兒需要跟照顧者有「伴侶關係式的快樂對話」（joyful dialogic companionship）（p.100），這是他擴大親子關係範圍，超出安全感的一種說法。他指出照顧者和嬰幼兒的情感調和互動是發展的重點：「大腦理論現在有一重要的發現，情緒及其在人際互動中的傳遞，扮演著對大腦發展及掌控認知經驗的調整角色。」（p.98）Trevarthen 和其他人強調，我們發現到嬰兒如何跟他們的照顧者發展親近的互為主體關係，會讓照顧者

有新的覺察，知道什麼是協助他們的孩子發展的最好方式。舊有的大腦理論建議照顧者，需要透過「教導和糾正的做法」來「壓制孩子衝動的為所欲為」，這樣他們才可以變得「比較合乎社會化的負責任」（p. 99）。現在的兒童發展研究建議，孩子需要以「分享其個人主觀的衝動之背後所知覺的經驗和意圖為主要任務」（p. 99）。這研究顯示在引導孩子成長的過程中，相較於站在他們前面帶領，照顧者用陪伴孩子走過的做法較為明智，這樣才會帶給孩子協調一致的生活。

這本書一直提出的互為主體的過程，本質上是親子溝通，透過經驗分享，孩子及照顧者彼此的內心世界可以加深、擴充，和統整到更一致的自我。這溝通過程最初是非語言的，後來語言也會包含在其中。它是互惠的；當孩子能對照顧者有影響的時候，照顧者才會對孩子有最好的影響力。這過程對發展的成功是帶有重要性的：

> 當嬰兒大腦及身體在最快速成長時，用表達包容接納的溝通管道來處理想法，對嬰兒來說特別重要。雙方謹慎地直覺行為有利於嬰兒及照顧者的溝通，而當有一方出錯時，嬰兒便無法得到照顧，其心理發展就會受到影響。（Trevarthen, 2001, p. 98）

Dan Siegel（1999）結合了很多 Trevarthen 及其他人的研究成果，證明了我們現在所學的依附關係和嬰兒發展都是同樣真實地遍布在我們的生活中。Siegel 相信安全依附關係的本質，包含照顧者有能力對嬰兒內心世界的訊號做出敏銳反應，而且可以跟嬰兒溝通（p. 70）。

Siegel 致力於研究兩人之間的分享、深入的溝通是如何有助於

大腦在情緒、認知、社會、行為和道德能力的發展。這些非語言、調和的溝通，從幼兒期持續到青少年期和成年期。隨著個人的成熟長大，語彙成為主要的資訊分享來源，但是，如果要把溝通帶進深層和有意義的了解，從而影響兩人彼此參與，關係中的非語言基礎還是非常重要。

當很多來自不同領域的兒童發展研究持續證實依附關係的重要性的同時，最近的神經生理學的研究很明顯地也把依附關係放進重要位置，出現對大腦結構及功能的新科技研究。隨著大腦研究的發展，愈來愈多的證據顯示大腦是在依附關係上組織起來的，這關係的建立對大腦發展是重要也是最理想的基礎（Schore, 2000）。當嬰兒和他的照顧者投入在調和、互為主體、非語言的對話時，嬰兒大腦前額葉皮質內有一重要區域正在發展及形成；這樣的發展不會在孩子單獨一人時發生。此一大腦區域的重要性是我們發揮功能的主要中心，包括了情感調整、社會認知、同理心、有彈性的反應、自我覺察，和驚嚇的調節（Siegel, 1999）。這些和其他大腦研究的發現，證明了安全依附關係的重要性是讓孩子在各方面都有最理想的發展（Schore, 2000, 2003, 2005）。

這研究在各方面都呈現出照顧者與孩子的互動是關係的核心，從嬰兒在照顧者的懷裡開始，直到照顧者——臨終在病床上——在她孩子的懷裡而結束。照顧者透過非語言和語言的溝通，向孩子打開自己的心，讓孩子知道他是全然地活在照顧者的內心世界。照顧者坦然地分享自己的想法跟感受、期待及意向、對孩子的看法和記憶，知道在她全然照顧下的孩子是安全的。照顧者相信，當孩子覺察到照顧者的生氣只是針對他所做的行為時，孩子會保持安心，知道這關係會很快地修復，因為照顧者的生氣不是針對他這個人的內在自我。

同樣地，照顧者積極地促進孩子的成熟及能力去覺察自己的內心世界，並且願意跟照顧者分享。照顧者透過溝通，讓孩子感到表達自己的內在世界是安全的，不會被批評，而是被接納。事實上，如果孩子允許照顧者跟他一起探索他的內心想法，並且發現其背後有的及隱藏的特質，則孩子會感到十分安心。在孩子的內心世界，照顧者的存在可以讓孩子調整任何的緊張情緒，而且得以理解害怕或是羞愧的事件對他們所具有的意義。

 ## 專有名詞定義

依附關係指的是孩子跟照顧者的關係，而不是照顧者跟孩子的關係；是指孩子安全地依附照顧者，向照顧者獲取安全感和支持。照顧者不是向孩子要安全感和支持，而是跟自己的伴侶、父母或朋友求取。就像在這本書中的定義，照顧者跟孩子是有情感連結，但不是依附於孩子。

互為主體指的是一個過程，藉由兩人當中一人主觀的經驗影響另一人的主觀經驗。透過參與照顧者的主觀經驗，孩子可以調整他們自己的狀態，發現他們及照顧者的內在特質。在互為主體的經驗過程中，孩子發現了組織及深入自己的想法和感受的過程、自己的覺察和記憶、自己的希望和意向、自己的價值和信念。照顧者對孩子的經驗大大影響到孩子對自我的經驗；照顧者對孩子面對世界的人事物經驗，大大影響了孩子開始去經驗這些人事物的方式。

在這本書中，情感（affect）一詞指的是某人非語言表達的情緒狀態。情感會透過一個人的臉部表情、語調（口氣、速度、變化、音高、強度）、姿勢和態度呈現出來。理論兼研究學者 Dan Stern 認為，情感是可以用強度、節奏、拍子、結構、輪廓及持續性來測量。

特殊的情緒有其獨特的情感表達方式；只要我們觀察一個人的臉部表情、聲音及姿態，我們就可以知道這個人是在生氣、害怕或是快樂。情緒的溝通主要牽涉到的是獨特情感表達的示範。

之所以要區分情緒和隨著情緒出現的情感表達的不同，有兩個重要的理由。第一，當照顧者與孩子表達情緒的情感同步，不受其情緒的影響，孩子會經驗到被接納、了解和同理。當照顧者跟孩子的臉部表情、聲音、語調和姿態相對應時，孩子會理解到：「她了解我！」第二，當照顧者與孩子的情感同步時，孩子就會調整情感狀態。如果孩子的情緒變得愈來愈極端，而照顧者能在此時跟孩子的情感表達同步，而不受其情緒的影響，孩子的情感（和隱藏在底層的情緒）可能會變得比較不極端，而且能夠被調整。這區分會在第三和第七章詳細說明。

當孩子大叫：「我不要現在打掃房間！」他透過聲音、臉部表情和姿態來表達他的生氣。照顧者也許可以用同樣非語言的情感表達，與孩子的感情強烈度和聲音的節奏，以及他獨特的臉部表情配合：「你不想現在打掃，你寧可跟你的朋友出去玩！」不過，照顧者的情緒表達是在傳達孩子的情緒，而不是自己的情緒。照顧者不是生氣，而是在傳達接納、了解和同理孩子的希望——不要打掃房間。他只是透過情感表達來說出自己的生氣情緒。當他的情感表達獲得配合時，他的憤怒比較不會再上升。這種情感同步狀態稱為「情感調和」（attunement），本書還會用更多例子做說明。

反映作用（reflective functioning）指的是特殊的思考方式，焦點放在我們的內心世界和他人的內心世界。透過反映，我們變得對行為背後的想法、情緒、期待、意圖、知覺、價值和記憶有所覺察。透過對反映作用的增強，孩子更能了解為什麼他會做出這樣的行為，而他的照顧者為何也會出現如此的行為。

以依附關係為焦點之親職教育的主要原則

　　任何以依附關係為焦點的親職教育，一定是在發展中以注意孩子的安全及其主要角色為起點。安全指的是感覺到的安全感受，而不只是生理上的安全。沒有安全的經驗，孩子及他們的照顧者在遭遇狀況時，會無法發展所有的應變能力及做出最好的反應。安全這一議題會在第二章詳述。

　　第三章的焦點在於了解互為主體。這個名詞目前尚未被大眾所了解，主要是描述孩子如何透過其經驗到照顧者所經驗的，對情緒、社會、文化和實用知識的重點有所發展及深入。在觀察嬰兒如何從照顧者身上學習的過程時，足以證明其存在。這本書希望說明為什麼對較大的孩子而言，這樣的學習同樣的重要。

　　依附關係研究者已經發現，從孩子的主要照顧者的依附類型可預測這個孩子的依附類型。這樣的關聯和有關孩子的教養將會在第四章詳細說明。

　　當在維持依附安全時，孩子的內在與主要照顧者的內在有著重要連結。第五章的重點在說明怎樣的態度可以有利於這樣的連結。這態度包括了四種元素——遊玩、接納、好奇和同理（PACE），它們都有利於孩子在安全及探索的範疇裡呈現情感及反映情緒。

　　第六章主要在說明有利於安全依附和互為主體兩者的溝通模式。類似於主要照顧者與嬰兒間的互動模式，重點在相互非語言的表達方式，以傳遞對彼此的內心世界的興趣及了解。這樣的溝通近似於說故事的對話方式，而不是給予教導或是建議。

　　第七章的重點在情緒發展的重要性，以及之前提過的其對情感連結的緊密關聯所在。技巧部分包括了確認、調整和表達特殊情感

的介紹,以及在關係當中,這些技巧的價值所在和照顧者如何發展這些技巧。

　　當孩子可以發展出抒發情感的技能(reflective skills)時,其情感便可以被提升。這能力讓他能理解當下的狀況以及他的整個生命歷程(例如他的自我生命故事),因此能夠做出更好的整理。情感及抒發情感能力發展兩者的統整,對一個發展中的孩子很有幫助,而照顧者必須扮演一積極的角色,來協助孩子發展其情感抒發能力。抒發情感能力將是第八章的主題。

　　第九章的焦點是在親子衝突、分離、誤解、管教,或是暫時不能陪伴孩子後的關係修復。這樣的關係決裂很自然的發生在任何持續的關係中,而為了讓孩子對照顧者有信任的安全依附,修復是必需的。

　　最後,第十章的重點是在了解不能建立安全依附關係所產生的嚴重問題,同時也提供一些方式以利解決這些問題和修復關係。當依附困難出現時,有很大可能會產生如螺旋般往下沉淪的危機,進而產生強烈的衝突及問題。當依附關係增強了,這些問題就能迎刃而解。

　　這些原則可以用在所有孩子的身上,從嬰兒一直到青少年,方式會因孩子年齡不同而有異,但是,大腦如何作用和各方面的學習及發展如何發生的主要原則,則適用於各年齡層。

CHAPTER 2

建立安全感

　　安全感是家庭生活和人類發展的跳板。安全感是依附理論的基礎，但通常會被其他學說忽視或視為理所當然。沒有身體上的安全感，很明顯的我們不可能順利長大。一旦失去安全的感覺，人的潛力發展會被危及。當我們感到不安時，我們的大腦不會有好的功能。當安全感是處於不確定狀態時，它便會成為我們意識的焦點所在；當我們感覺不安時，我們的首要任務就是重新獲得安全感，其他有趣的事情都變得不重要了。例如，學步兒很專注的看著家裡的貓咪玩球。在他的臉上、聲音及隨時準備移動的表現中，很明顯的看到他的興奮及專注。可是當這隻貓用爪子抓他的時候，突然的痛楚讓他大哭起來，想要找他的照顧者好讓他不再痛楚，這做法使他再次得回安全。我們可以很有信心的假設：這事件只不過表示有依附行為的存在是最要緊的，這些行為確保孩子是安全的，因此，孩子在受到威脅時隨時要給予他安全感。

　　在相關的例子中，當小孩在看貓咪時，他聽到照顧者發出很大

且不尋常的聲音，他會立即找尋照顧者所在。如果他看到照顧者，他會把焦點放在照顧者的臉上和動作上，來確認照顧者是否安全，或照顧者認為他是否安全。如果他沒有看到照顧者，他會變得焦慮而且熱切地等待下一個可能發生的徵兆。孩子也許會大哭或是尖叫，試著引出照顧者的反應來決定他是否有理由感到害怕。在整個過程中，玩耍的貓咪已經不在他的意識中。亦即直到他再次感到他和他的照顧者是安全的之前，看貓咪玩耍的樂趣及學習已經不是孩子所在乎的了。如果他的照顧者是不安的，他很可能也跟著不安。

　　建立及維持一種安全感（伴隨著真正的安全），是照顧者對孩子最主要的功能。一旦安全感出現了，孩子就可以自由地探索，在他們的興趣及能力的基礎上全心地發展。但是，安全感不能被視作理所當然，安全感是需要照顧者不斷重複地對孩子在恐懼的看法上做出反應，才能建立。當孩子漸漸長大後，他才能增加安全感。整個童年時期，特別是孩子的早期，到青少年甚至進入成年，照顧者都是讓孩子產生安全感的主要人物。

安全感的發展

　　以下說明一個孩子感覺到安全的特徵所在，而這也是孩子的幸福及發展的重心。

▶ 保證依附者經常性的在場 ◀

　　無論何時，即使主要照顧者不在場，但若學齡前孩子經常性有一到多位次要照顧者照顧時，他們仍可以持續有安全感。當這些孩子們沒有任何照顧者在場時，就會產生焦慮，而引發他們出現緊

張，因傷心而爆發衝動反應，或是退化到被動狀態而不表達任何情感——即使他們內在也許有著許多的緊張情緒。當托兒所提供次要的照顧者時，小小孩會出現短暫的悲傷，但還是可以適應主要照顧者的不在場，並且很容易被調整及統整。這樣的次要照顧者可以是親戚或是托兒中心的人員，其採用家庭式照顧方式，持續給予孩子情感調整和個別的照顧。當托兒中心的成人因為另有他就，只提供孩子幾個月的照顧，或因為要照顧很多的兒童而無法真正了解每個孩子的獨特性時，就算他們給了孩子生理上的安全，仍無法提供孩子心理上的安全，他們就不是孩子的次要照顧者。當一個孩子在 3 歲以前，因為還沒有永久性照顧者的概念，因此這要素變得很重要。這些小孩如果要維持一種安全感，好讓他們可以安心地在環境中學習，則需要有一位能在他們起床的那一刻持續在場的照顧者。

❧ 持續性使生活可預測 ❧

　　一個可預測性的結構、例行作息和生活習慣，能帶給孩子一種安全感。在一個穩定但不是僵化的結構內，小小的變動能夠被理解，且容易被統合。提供多種選擇及自由時間確實可以造就一種能力去發展興趣、熱忱和自主性，這有利於獨立及創意的發展，但是當孩子還沒有準備好去選擇及負責行為時，這樣的自由有可能引發焦慮及減少安全感，這種準備度也許反映在孩子的發展年齡、氣質、在某一狀態中的自信能力，和在那時候的情緒及生理狀況。照顧者需要找出結構化及靈活性之間的平衡，而最好的平衡是照顧者能同步跟上孩子對結構及靈活性的反應。照顧者要記得，不要因為昨天孩子能夠對某一自由時間有反應，就表示今天他可以對該自由時間有相同的反應。如果照顧者想要對孩子做出最適當的決定，則跟孩子

同步——意指互為主體——需要成為照顧者的一種日常作息習慣。

◆ 管教同時增強安全感 ◆

　　管教通常帶有兩個特色：一方面增強安全感，另一方面也可能增強焦慮。安全感增強，是因為孩子知道照顧者活躍地投入自己的狀況，也知道他們有知識及經驗去做出最佳處理；而焦慮增加則是當照顧者處理狀況的決定跟孩子的期待不一致時，產生了挫折及衝突。這樣的衝突會造成親子關係意義上的不確定，特別是孩子不清楚照顧者的動機何在時，尤其可能。此時為了增強孩子的安全意識，照顧者最好要記得以下的重點：

- 照顧者在傳達管教的決定時是在一個開放及有自信的狀態中，並且對自己的動機及可能的後果給予澄清及訊息。溝通的意圖不是要獲得孩子的同意，而是給孩子有關訊息，以便讓其了解照顧者的決定。若是把焦點放在獲得孩子的同意，則只是傳達了對不同意見及衝突的害怕，還會引發孩子更多的混亂和模糊。

- 照顧者對孩子的看法持開放的態度，這樣孩子可以知道照顧者對做出最好的決定是有信心的，但同時也會了解孩子的期待。

- 照顧者最好是用同理心來傳達其決定，因為孩子的想法跟照顧者的決定不同而出現衝突，很容易產生挫折感。這種做法讓孩子可以經驗到被了解，並安撫其對管教的苦惱，也較容易接納照顧者的決定。

❧ 計畫即將發生的變動及分離 ❧

　　重要的變動（例如：搬遷或變換托兒所）需要有讓孩子參與整個過程的進一步的計畫。孩子需要知道正在發生的事情，因為他們也許會誤以為有些關於他們的不好事情正在發生。當孩子了解到事情會如何發生時，他就會感到可控制。當他們可以有機會見到那些陌生人，和看到他們的新家及新的社區時，他們就不會覺得那麼害怕，而且有更多機會可以清楚表達他們的看法。如果孩子能夠參與整個過程的話（例如：布置他的新睡房、介紹他們有關新托兒所一些對他們重要的事物），他們將獲益更多。

　　基於日常所需（例如：必須上學、父母出差、度假，或是在朋友家過一晚），以及一些不尋常事件的發生（例如：生病、搬家或是死亡），當因這些狀況而必須要分離時，照顧者最好要覺察到，這些狀況會引發孩子產生自身安全被威脅的感覺。這時候處理他們因分離而不安的最好方式，是給他們有關正在發生的事情的訊息，而且這變動有可能如何影響他們的日常生活。孩子獲悉自己將會在哪裡、跟誰在一起、做什麼事、跟他們的照顧者要分開多久等訊息，對他們是有幫助的。孩子需要被告知當他們感到難過或是有特殊困難時，照顧他們的成人會為他們做些什麼事情。探訪孩子即將要去的地方，跟即將照顧他的照顧者會面，可以協助孩子建立安全感。給予孩子機會表達任何對被計畫好的分離所產生的問題、害怕，和反抗。避談孩子的焦慮或是一再保證孩子可以做到，只是更容易造成孩子的焦慮及抗拒。孩子需要被允許去經驗和接納他們的痛苦，就算這會造成照顧者自己的苦惱；孩子需要照顧者了解在他們可以處理情況之前，他們所萌生的恐懼。照顧者需要承認、接納及同理

孩子逃避狀況的渴求；照顧者要接納孩子說出他們不想要分離的心聲，因為那會造成他們的痛苦，而同時他們也傳達了對這狀況的信心，他們（跟其他支持他們的人）將會處理好那些他們視為困難的時間。

照顧者可以提供具體的物品（照片、衣服、紀念品、紀錄）來代表關係的延續，以協助孩子分離。也可以要求孩子把屬於他們的東西給照顧者，讓照顧者可以一整天保存（這就是給孩子保證照顧者不會遺忘他們）。分離這主題在第八章會有進一步的討論。

✿ 避免孤立 ✿

照顧者因孩子生氣而孤立不理他們，通常只會讓孩子受到驚嚇，也許使他們更為生氣。當孩子反抗管教或是當他們的行為需要被管教時，最好不要用孤立他們作為處罰。當孩子的情緒變得更強烈時，最好是接近他們，孩子才可以依賴照顧者調整自我情緒的能力，以便更容易地調整自己的情緒。當孩子受到驚嚇及悲傷的時候，照顧者直覺地知道要先調整好自己的情緒以協助孩子；同樣的態度也可以用在孩子生氣的時候。當隔離孩子含有孤立孩子的意思時，採取跟孩子在一起（time-in）比隔離（time-out）孩子的選擇更好。

當照顧者無法調整自我情緒，也無法成為孩子安全感的來源時，隔離是有價值的。不能調整自我情緒只會引起情緒激發，這時候，照顧者比孩子更需要被隔離。當這種分離無可避免時，照顧者要清楚自己不是要拒絕孩子，而說出類似以下的話語也許會有幫助：

唉！吉姆，我還在整理有關我們兩人之間剛才發生的事情。
我需要在客廳裡給自己一些時間。讓我們兩個人都冷靜下

來，等一下我們再談。

如果孩子需要有一小段時間讓自己獨處，好讓自己情緒穩定下來，他們可以選擇先離開一下，而不是被迫離開。

❧ 審慎處理突如其來的狀況 ❧

協助孩子面對突如其來的狀況是要小心處理的；必須事先考慮清楚，孩子可能會如何去經驗這樣的突發狀況、改變慣例會讓他們失去什麼，還有是否適合孩子的年齡。當是新近和意想不到事件（生病、意外、死亡、離婚）產生的壓力或創傷時，孩子對這突如其來狀況改變的第一個反應也許會是難以調適和感到悲傷；這樣的孩子也許渴望不斷重複的活動帶來的安全感。

突如其來的狀況改變和刺激對孩子來說不一定是正向的經驗。它們必須跟過去的經驗及期待相容，任何跟焦慮連結上的都需要適當的情緒調整。照顧者是基於對自己孩子的獨特性和狀態的敏感度，來評估這樣的突如其來狀況是否正向。

修復安全感

在日常生活中，所有的人，特別是小孩，常常都會因一些事件的出現，而減低了安全感。衝突、不可預測的事件，或是一些讓我們想起過去痛苦經驗的事情，都會讓我們突然間喪失自己對安全的感覺，而帶來焦慮及不確定感。當這些事件透過反思或是跟其他人（特別是主要依附者）溝通想法，而且得到承認、表達和解決時，其影響就可減少。對兒童而言，通常有一位依附者在旁協助孩子修

照顧孩子的有效策略

復他們的安全感是很重要的。當孩子長大之後,他們自我反思的能力會讓他們自行恢復安全感。

關係修復

當親子間出現衝突而引發關係破裂時,照顧者盡快地主動跟孩子修復關係,有利於安全感的增強。為了維持孩子安全的感覺,照顧者不應該採用「阻斷關係」方式作為處罰孩子所做的行為,意指有一段長時間不跟孩子說話。這樣的做法只會增加孩子對分離的害怕,甚至認為是一種遺棄,會逐漸破壞孩子的安全感。關係的修復會在第九章詳細說明。

同理害怕

當孩子表達了荒謬的害怕時,務必記住,用說理的方式來處理這種害怕,通常對孩子或是成人都不恰當。如果照顧者講道理,而且帶著挫折及不耐來回應孩子的害怕,只會讓害怕的感覺更糟糕。孩子在這種時候只會覺得照顧者不了解,而且相信照顧者不能提供心理協助以處理其害怕。當孩子無法回應照顧者所提供的面對害怕的恰當理由時,孩子會更加覺得無力,因為他無法採用照顧者給予的解決方式。在面對害怕的部分,孩子預估到自己是孤單的,至少在心理上是如此。相反地,如果孩子發現他的害怕有被認真看待,他感覺到照顧者的同理及了解,孩子會更容易也更願意接受照顧者的協助,而且可以公開地思考如何處理其狀況及減輕害怕。

❦ 帶領隱晦的害怕進入對話 ❦

有時候，孩子會呈現一種不可理喻及不明來源的焦慮感覺。孩子會畏懼告知照顧者有關他們的害怕，或是他們會弄不清楚自己為何害怕。照顧者嚴肅地質問孩子，而且嚴厲地把焦點放在可能的問題及害怕上，甚至是跟著孩子焦慮——這樣的態度不是得不到結果，就是讓孩子內心產生更多的焦慮。比較有效的做法是跟孩子閒話家常式的聊天，用一種輕鬆自在、像說故事般的態度，討論有關不同的事件及家人的生活狀況。這樣的對話讓孩子有種安全感，比較容易準備好自己，且能覺察到是什麼事件使其焦慮，並將之說出來。這樣的對話能力發展在第六章中有更多詳細的說明。

安全感維持的阻礙

有時候單一（創傷）事件或是持續發生的狀況（例如：父母的婚姻問題），會讓修復關係格外困難。照顧者要克服這種再次重建安全感的障礙，需要時刻對孩子的痛苦了然於心，他們需要經歷多次狀況來探索並處理其害怕的感覺。孩子在當下也許好像得到了解決，但在後期或是在不同的狀況下，也有可能無預期地再次出現狀況。照顧者對孩子的接納是要耐心和多次地與他們一起探索悲痛的需求，這會是解決事件對孩子所造成的影響的最重要條件。

❦ 創傷 ❦

當孩子經歷一種強烈的害怕（例如：被追或是被狗咬），或是

痛楚（例如：動手術或重病），或是被認識的人或是陌生人虐待時，他們的安全感會遭到嚴重損害，並且發生創傷反應的危機，進而產生相關的心理問題。不論是讓孩子贏得安全的感覺，或是更容易處理他們的害怕或痛楚，依附安全都是用來對抗創傷反應發展和快速解決任何正在出現的創傷反應的最好良方。當孩子單獨面對創傷而沒有可依附的照顧者在場時，強烈的悲痛會帶給孩子更嚴重的問題。因此，在面對創傷時，照顧者要提供支持，而且讓孩子對於他在照顧者的協助下能成功地面對具有信心，這兩者對孩子是很重要的。如果孩子經驗到任何來自照顧者的害怕——「他再也不會和以前一樣了」，他就會真的處在「再也不會和以前一樣了」的危機中。如果照顧者有信心孩子會復原，他就會很容易做到。

　　一件激烈可怕的事件發生之後，孩子會經驗到極度激烈的情感和生理上的失調，有可能伴隨著哭鬧、尖叫、發抖和不斷重複動作及表達害怕。在那個時候，照顧者有效的協助是接納及陪伴孩子的強烈情感及生理狀態，而不是用一再保證來說服孩子、催促他要鎮靜下來，或嘗試要打擊他不再出現情緒。一致的陪伴，以生動的情感和肢體動作配合他的狀態，較容易給孩子安全感，從而可以有自信地用他的情緒及肢體表達剛剛經驗到的可怕事件。這會讓他的害怕透過動作及表達逐漸得到釋放。藉由照顧者給予孩子失調狀態的「共同調整」這一過程，在第八章會有更多的討論。

　　當照顧者協助孩子釋放出一些害怕之後，就要協助孩子面對事件，目的是要能理出某種程度的意義。那時，孩子也可以比較接納照顧者的想法。一旦孩子能成功地掌控自己在經驗中出現的情感及生理狀態時，他就能發展出對事件的認知。

　　現在，孩子已經準備好重新開始過他的日常生活。可預測的日常生活尤其可以提供孩子安全感及安撫。維持孩子跟照顧者靠近是

很重要的,它可以帶給孩子安全感,能讓照顧者協助孩子知道什麼
時候該要為自己的日常生活負責任。對於孩子什麼時候準備好回到
學校或是其他不在家的經驗,照顧者需要有彈性。照顧者必須傳達
一種自信:孩子有面對日常挑戰及責任的資源,同時,在溝通需求
的過程需要耐性,而且去接受這事件要慢慢來的可能價值。

　　這激烈可怕的事件有可能需要專業協助才能解決。以創傷為焦
點的治療模式已經在過去十到十五年之間發展出來,而且對協助成
人和孩子解決單一創傷事件是有效的。這些治療對安全依附於照顧
者的孩子尤其有效。我也認為照顧者應該參與孩子的治療,但是必
須是照顧者可以在治療過程中持續對孩子提供調整和心理上的陪伴。
照顧者跟治療師單獨幾次談話,以探索他們可以如何有效的協助孩
子的經驗,會對治療更有助益。

❧ 婚姻問題 ❧

　　不論是突發或是長久如此,婚姻不和或是婚姻的疏離都會使孩
子受到驚嚇。處於這種狀態下,會產生很多影響:

- 在緊張的家庭氣氛下,沒有一個人感到安全。
- 跟家人分享及體諒的輕鬆對話和行為很少出現,而且經常籠
  罩在衝突及情緒疏離的陰影中。
- 產生對未來婚姻、甚至對未來家人的疑慮。經濟上的穩定感、
  搬遷及失落感,還有對親子關係的影響,這些都變得不確定。
  孩子也許會想到其中一個父或母即將離去。
- 孩子會懷疑自己是讓婚姻產生問題的人。在長久的懷疑之下,
  羞愧感很容易就會出現。
- 當孩子覺得自己應該為父母的婚姻問題所出現的焦慮或憂慮

照顧孩子的有效策略

負責時，焦慮就會隨之產生。

- 當孩子覺得自已有責任成為父母的和平使者，並防止問題發生時，也會產生焦慮。

當婚姻存在問題時，減輕孩子的不安全感的方式是對孩子已經明顯知道的事做出說明（用任何有助於孩子了解的字句）：「婚姻問題是存在的。」最好不要提供太多有關問題所在的細節說明，或是對未來給予任何未知的承諾。以就事論事的方式說明，孩子會覺得他的父母正在面對狀況，不管發生了什麼，他們會提供孩子的所有需要。以下的說法也許可以協助孩子在父母婚姻問題所引發的悲痛中盡量得到安心，且可處理而不至於感到太過受傷：

> 我很確定你已經注意到最近我跟你媽（爸）處得不好。我們經常吵架，且很少歡樂地在一起或是彼此說話，也不像以前經常同意彼此所做的事。這不是你的錯，也不是你可以做什麼來協助我們解決問題的。這是需要我們來解決的事情，而不是你。當我們正在處理問題的同時，我們也會照顧你。如果你覺得我們照顧你的方式不妥，你要讓我們知道。如果你對正在發生的事情有任何疑問，你要記得提出來，而我們會盡力告訴你。我們兩個人還是很愛你，而這是永遠不變的事實。

如果孩子正在思考父母離婚的可能性，則這樣的說法雖然有幫助，但還是不足。如果孩子明顯有這樣的擔心，父母可以再增加以下的說詞，但得是符合事實的：

> 現在我們並沒有要離婚。我們希望可以避免發生，而我們

兩人也正在努力防止這狀況發生。但是未來萬一不成功，而真的決定要離婚時，我們會預先告知你。無論如何，這不是你的錯，而我們兩人會持續愛你和照顧你。我們會告訴你所有人將會發生什麼事，以及我們會如何照顧你。

 ## 依附焦點的對話

以下的親子對話例子，反映了一個孩子正在經歷悲痛，處在沒有安全感的危機中，父母的反應是基於想要協助孩子感到安全，之後再找尋可能的方法讓狀況的處理更容易些。班 7 歲，他騎腳踏車時撞到大樹，嚴重摔傷，他的腿骨骨折，臉和手臂也有多處割傷和擦傷，正在急診室接受治療。

在這例子中，班的媽媽首先表達她對孩子的焦慮及經歷到的痛苦的接納、了解和同理。過程中，她跟隨著孩子的聲音節奏、強度，和他的臉部表情及動作。他的聲音、表情和肢體動作都是他的非語言，表達他內在害怕和所經歷到的痛苦情感。跟孩子的情緒一致，她不只表達出害怕，而且同理——她是跟孩子的害怕同在的。經由觀察到媽媽的情感表達跟自己的情緒一致，孩子可以經驗到媽媽的同理（非語言表達部分只在表達自己個人的情緒，跟同理他人的情緒所做出的情感表達之間，有明顯的不同）。班在媽媽跟他自己的聲音、表情和肢體動作一致時，他不會感到混亂。他知道她的情感表達是了解和同理，他會感到更安全，明白她不是跟他一樣害怕。

班：媽，好痛！啊！媽！

媽：我知道，班！我知道那真的很痛！（她環抱著孩子的

肩膀，輕柔地搖動著他。）

班：媽，好痛，真的好痛！

媽：是的，班！我知道，寶貝，我知道！我會在這裡全天候地陪著你。我會在這裡，班。（她撫摸他的頭髮，握住他的手的同時，也輕柔地搖動他。）

班：我不要再這麼痛了，媽！我不要再這麼痛了！

媽：噢，寶貝，我希望我可以，我真的希望如此。

班：媽，求你讓我不要再這麼痛了！

媽：我不能讓你不痛，但是我會跟你在一起。我會在這裡陪你，過一陣子之後，你會開始覺得好一點。

班：什麼時候，媽？什麼時候？

媽：我不知道，寶貝。首先，醫生要看一下傷口，她會讓我們知道什麼時候會好起來。

班：可是她會讓我更痛！不要，媽，不要讓她弄痛我！

媽：噢，寶貝，讓醫生看你的腳一定讓你很害怕！我知道，寶貝，我知道那會很害怕！我會在這裡陪你！

班：媽，不要讓她看我。

媽：醫生需要看你的傷口，班。她需要決定如何治好你的腳。我沒有辦法那樣做。班，你需要讓她看看。

班：可是她碰到我的腳的時候，媽，那會更痛！

媽：也許，有一點點痛！只是很短的時間，她會知道如何讓你更快地覺得舒服點。她會知道的，班，然後你會更快地覺得舒服。

班：媽，我想要回家！我們可以回家嗎，媽？

媽：噢，寶貝，我知道留在這裡，你有多害怕。我知道，寶貝。

班：我們現在就回家，媽！讓我們回家！

媽：寶貝，當醫生弄好你的腳和看到其他割傷的地方之後，我們就回家。她會盡力幫助你，然後我們再回家，寶貝，然後我們再回家。我們會一起回家。

班：我要現在就回家，媽！

媽：我知道你要，班。我知道……我知道……我會盡可能都一直跟你在一起，寶貝。我會一直都在這裡陪著你。

班：我好害怕，媽！求求你！（他不斷地哭泣。）

媽：噢，寶貝！（一邊前後搖動著他，一邊撫摸他的頭髮，把他的頭靠到她的胸前，輕輕地緊握著他的手。）一定很痛……可是你現在是安全的。你跟我在一起會安全的。還會有一點痛，但是我會跟你在一起。我在這裡，你的痛會輕一點。你的痛會輕一點。

班：會嗎，媽？會嗎？

媽：有我陪著，寶貝，有我陪著，會輕一點。是的，會的，是的，會的。

班：我愛你，媽，我愛你。

媽：我也愛你，寶貝。你是我的孩子。你是我最愛的孩子。我們可以一起熬過這痛苦……是的，我們行的。

照顧孩子的有效策略

3

了解互為主體

　　一旦安全感建立之後，嬰幼兒就可以開始對這個世界展開學習。他的學習主要來自兩個來源：他的身體和他的照顧者。他的身體提供持續的信息，輸入他的神經系統，不管是從身體內部——饑餓的、冷的、失眠的感覺——或是從孩子跟外在世界之間的遊玩而來——觸覺、味覺、嗅覺、聽覺、視覺。產生學習的外在世界主要知覺是來自照顧者。他的主要安全來源也是他的主要學習來源。從在母體子宮的時候開始，經過好幾個月甚至好幾年之後，他的主要學習來源都會是他的照顧者。

　　孩子首先會發現他的照顧者就是他的安全來源；當他感到冷或是饑餓的時候，他的照顧者觸摸他或是給他衣服或食物，他的痛苦就會減少一些。照顧者對他的負向生理及情緒狀態給予回應之後，狀況就能好轉。他注意到各種顏色、形狀、姿勢動作、聲音，以及在他皮膚上的不同壓力或動作。在那麼多的感覺裡，孩子傾向對某些聲音（高音頻的人類聲音）和某些形狀（人類臉孔）給予優先反

應。他喜歡這些物體是活動的，而且更喜歡的是會對他的活動做出反應。當他深深地看著媽媽的眼睛時，他會對媽媽給他的回視更感興趣。當他聽到媽媽發出聲音，而這些聲音是跟他所發出聲音的頻率、強度及節奏相關聯時，孩子會更有興趣。媽媽的臉部表情相似於孩子，或是對應孩子的臉部表情做出反應，這些都會讓孩子更加感到興趣。

從一開始，照顧者所做出的活動是針對孩子的活動做出反應，亦即取決於孩子的活動，這些都已證實是孩子主要學習的來源。這些活動——他引發一些什麼而媽媽有所反應，或是媽媽引發了一些什麼而他有反應——都提供他一種他是觸媒的感覺（sense of agency），即他有能力去實現自己意圖的感覺。他可以改變他的世界。他可以大剌剌地和心滿意足地影響照顧者的行為，更可以影響椅子、桌燈、蘋果、甚至於是車子或是貓咪的行為。伴隨著他是觸媒的能力感，他開始發現他的照顧者也會跟他一樣有自發性的活動。照顧者先採取第一步，而當孩子有反應時，照顧者又接著回應。照顧者帶給孩子動作、聲音及身體接觸，然後對孩子的反應做出回應。隨著他是觸媒的這樣的能力感，孩子經驗到自己是在一互惠的關係裡。不知怎地，他的自發性活動跟媽媽的連在一起，而她的自發性是來自對他的反應。這樣的互惠，或是這連續的偶然事件回應，代表了開始跟這世界的溝通。照顧者獨特的回應跟孩子獨特的自發性活動相關，反之亦然。

這為何如此重要？又有何種重要性呢？這些互惠的互動方式是孩子學習的途徑。我提到這顯然是人際學習的途徑，但對情緒、心理、溝通、文化、行為、甚而是知覺及生理，也都是很重要的途徑。這些互惠的互動方式表示孩子開始發展、深入和組織他跟這世界的互動經驗。照顧者的偏好會影響孩子的偏好，他的照顧者如何使用

語言也會對孩子的語言能力有所影響，照顧者的價值觀及嗜好也很自然地影響著孩子。當照顧者接納及回應孩子的自發性活動時，比起照顧者沒有反應或是用很苦惱的方式回應（不悅的聲音或表情，或是觸摸），他會更投入在那些活動中。

這些互惠的互動方式對更小的孩子的心理發展更加基礎且重要。他的照顧者給予反應及跟他互動讓他發展出一種自我感。他是誰、他會是怎樣的一個人，主要是從照顧者看到、定義並回應到他的自我。他的媽媽如何看待理解他——對孩子的表達及行為的理解，就如同發生在自己身上一般，他就會用同一方式來看待理解自己。當他的照顧者認為他是聰明的，他就會經驗到自己是聰明的；同樣地，當照顧者跟他在一起是快樂的，他就會覺得自己是一個快樂的孩子；當照顧者對他有興趣、喜歡他、愛他，他就會經驗到自己是有趣、可愛和被愛的。

這樣的溝通互動方式成為嬰幼兒可以經驗自己的墊腳石。不管好或壞，它們在孩子的心理發展上都有著深切的影響；就好像孩子可以得出一個結論：他是一個被喜愛的孩子，也可以是另一個結論：他不是別人喜歡的孩子。如果他的照顧者覺得跟他在一起十分厭煩，他也會覺得自己很無趣；如果他的照顧者經常對他生氣，他會相信自己在某方面是不足的或是壞的；如果他的照顧者經常忽略他，不給他回應或是沒有主動跟他互動，他會得出一個結論：他一定是不值得被愛的。

在生命的第一年，當照顧者跟嬰兒進入非語言的溝通時，他可以推斷照顧者的意圖。當照顧者指向一個玩具的時候，他知道照顧者想要他看那個玩具；當音樂出現的時候，如果照顧者呈現歡喜的表情，他便了解那首歌對照顧者的影響，如果照顧者又看著他，就好像是在告訴嬰兒，他也會喜歡這首音樂。

在這同時，嬰兒漸漸地可以跟他的照顧者表達他的意圖。他的行為反映他的期待：期望照顧者聽到他的聲音、給他要的玩具或是跟他玩。當照顧者對他的期待有回應的時候，他發現了他是有溝通能力的，還有照顧者是以盼望的態度渴望跟他投入互動；對另一重要他人有著正向的影響帶給嬰兒能力感。嬰兒和照顧者不只是彼此模仿行為而已，他們是投入在一個複雜、非語言的舞蹈中；在那裡，他們兩人溝通著他們的意圖、想法、感覺，同時也呈現他們對彼此的互動有興趣。

很重要的是，我們要了解這樣的溝通是完全非語言的，且的確是非常有效及複雜的。照顧者和孩子可以容易及快速地彼此溝通他們的情感、專注焦點和意圖；這溝通是互惠的，而且包含了臉部表情、聲調、節奏和姿態。對吸引專注力、情感溝通，和增進人際互動及語言的學習而言，這些非語言的溝通方式被認為是最理想的（Trevarthen & Aitken, 2001, p. 9）。

漸漸地，孩子可以從照顧者那裡觀察到她對世界事物的反應，而對這世界有所學習。當有一位陌生人出現或是發出很大的聲音時，他會看著照顧者的臉，以了解她如何經驗那樣的事件。當他看到一樣新的和有趣的物件時，他會指給照顧者看，看照顧者如何做。當長大一點時，他很小心地看著照顧者如何使用工具、跟鄰居互動、洗東西、刮鬍子等等。他也會很靠近地觀察照顧者喜歡什麼和什麼對他們是不重要的。他漸漸發展出來的興趣、習慣，以及跟人互動的方式，跟照顧者愈來愈相似。

 # 互為主體貫穿童年

照顧者很喜愛這樣經驗的記憶——當孩子跟投入的照顧者有著

彼此了解的你來我往的互動過程時,孩子的眼神、臉部表情是不容易讓人忘懷的。

我們很容易忘記,嬰幼兒是透過照顧者的體驗而將事物轉化成個人體驗的,而且這是個沒有終點的過程。當涉及情緒、社會和心理的現實層面時,我們也容易忘掉一個孩子的生活主要不是在學習客觀事物。他的大部分生活包括了把事物轉化成個人主觀體驗,而互為主體是最好的基礎模式,得以讓體驗去架構組織及加深。事和物如何影響我們生命中的關鍵他人,也會深深地影響我們。

互為主體是跟孩子的體驗(或是跟另一成人)連結,跟他一起去體驗它、跟他的情感狀態吻合,並且跟他一起探索他的體驗,讓他有更好的理解。簡單地說,就是陪伴著另一個人的體驗。這是心靈和智慧相遇之處;在那裡,兩個人的內在世界一起產生一個體驗。就算是一個 10 歲或 15 歲的孩子,他的照顧者如何體驗到他,他的體驗就會加強和改變他如何體驗到自己及這個世界。這樣的互為主體會一直影響他的行為。

因為成人的內在世界比較有深度和寬廣度,能將照顧者的個人體驗帶進孩子對事件的體驗,以協助孩子調整相關的情緒,而且找出意義。當孩子安全地跟成人建立依附時,他信任成人可以跟他的內在世界一起,而且也會很願意去體驗一位成人如何經驗他的體驗。這其實並不如字面上看來地那麼複雜。當一個小孩在蛋糕上放糖霜時,他看到媽媽的回應是眼睛閃爍,臉部表情有無限的快樂,那一刻他體驗到快樂、驕傲和滿足,而如果他是獨自一人,當他完成了放糖霜這件事之後,他是不會有這樣的體驗的。那樣的體驗連結會影響他如何將糖霜鋪放在蛋糕上,和處理很多類似的活動。當他弄壞了妹妹的玩具,如果他看到媽媽的臉上是難過和失望,他會更加感到自責,而且比他獨自一人時更容易去面對他所做的事。當他可

以安全地去體驗照顧者對他所做的事的難過情緒時，這比照顧者給他嚴重處罰還更能讓他不再做這樣的事。他的照顧者是互為主體的存在現場，是他用來幫助他處理情緒和從彼此的體驗中深入學習的唯一所需。

在孩子的童年，如果我們都把焦點放在發展和維持跟孩子有著互為主體的體驗，我們就更能好好地利用這些重要的體驗。這些過程會持續存留在情緒、認知和神經系統內。只要我們覺察它們和利用它們，我們教養孩子的活動便可以更自發、自然和有效，這樣我們要去導正孩子時，就不需要講太多的道理和處罰。影響就這樣發生了，通常無需任何直接的意圖便能讓它發生。

 ## 互為主體的三個特徵

照顧者跟孩子在一起的時候，他們的體驗不一定都是要在互為主體的狀態。因為互為主體狀態的發生，必須要配合內在的三種重要特徵。他們需要分享相似的情感狀態（affective state）、類似的覺察或注意（attention）的焦點，還有當下相同的意向（intention）。

第一種要素特質——分享情感狀態——稱為情感調和（attunement）。當兩人情感協調時，他們是同步的，說話也是，對當下的體驗顯現相同的強烈程度，這明顯地出現在他們表達的節奏裡，有著某種程度相配的生動或是平靜。我不是說他們的情緒是一樣的（他們兩人不需要同時都快樂或生氣），但是他們有相類似非語言表達的特質。如果一個人在生氣，另一人可以配合著那節奏及強烈度，如此，生氣的感覺會被體會並且表達出來，而不需對照顧者生氣。這時，生氣的那個人會感到被另一人了解；他知道他的照顧者明白，一部分是她用言語告訴他，但主要是因為她跟他的情感狀態相配合。

　　所以當一個孩子叫喊著：「從來沒有一個人會聽我說！」時，如果他的照顧者用類似的節奏和強度回應他說：「沒有一個人！那一定令你很難過，如果你想到沒有一個人會聽你說！」他會感到被了解。但如果照顧者平靜地說：「當你說話的時候，你覺得沒有人想要聽你說。」孩子很可能會感到不被了解，而且孩子也許會感到氣惱，因為這樣平靜的回應也許是表示照顧者根本不明白，且想要孩子安靜下來。這樣的回答顯示照顧者沒有聽到孩子非語言表達的意義。孩子表達的節奏和強度表示他有多悲痛，與他的表達相配時，孩子會感到照顧者確切地了解到他是如何的痛苦。如果非語言的表達是不相配的，孩子很可能會感到照顧者真的不了解他有多痛苦。

　　想跟孩子的情感相配是不容易，不過，只要照顧者的意圖是在傳達對孩子情緒的接納、了解和同理，孩子自然會體驗到照顧者的情感是真實的。如果照顧者的情緒是在表達她個人對孩子的行為的生氣，孩子會知道；如果照顧者的情緒是在傳達嘲諷或是批評，孩子也會知道。孩子會知道照顧者背後的意圖是否跟他的情緒相配，這樣的認識並非有意識的，但是充滿在我們人際互動的知覺中。嬰幼兒在六個月大時，已經開始較能正確地了解到照顧者對他們的意圖了。

　　當一個孩子體驗到一種強烈的情緒時，他的情感表達特質經常是激烈的。當照顧者相配到他的情感，卻沒有類似的強烈情緒時，她的情感仍是有活力的。在照顧者內在冷靜的同時，她相配的情感呈現了快速的節奏，並顯得較為強烈。孩子的情緒無法得到調整，因此導致他出現激烈的情緒表達。而照顧者相配的情緒是有活力的，但不是激烈的，因為她的情緒維持在穩定中；藉由這樣的做法，協助孩子的情緒可以再次得到調適。

　　互為主體的第二種要素特質，需要照顧者及孩子的焦點都在相

同的事物上；如果他們的焦點放在不同的事件上，他們就不能相互
地經驗到他人在事物上的體驗。當他們一起分享相同的事物時（例
如：孩子從朋友那裡收到的生日卡），他們用不同的觀點去體驗它，
而這樣相互分享的觀點影響了彼此的體驗。在這個例子中，孩子也
許經驗到這張卡片不是如他所認為的那麼特別，只是他唯一的朋友
應他媽媽的要求而那樣做。照顧者也許視那張卡為他們關係特別的
代表，而當她開放地分享她的看法時，可以很容易地改變孩子的經
驗。但是，如果她嘗試要說服孩子：她的想法是對的，而他是錯的，
就算事實是如此也不會有作用。當只是單純的分享體驗，而不是努
力地去改變他人的看法時，這樣互為主體的影響是較為強大的。同
樣地，照顧者可以帶領孩子分享個人對事件的正向體驗，也可以帶
領孩子分享個人對另一事件的負向體驗。如果照顧者分心，沒有興
趣，或是沒有被他告知的事深深地打動，孩子的興趣會很快的減低。

　　因為要彼此分享覺察，所以跟管教有關的親子對話通常都不是
在互為主體的狀況下。照顧者想要兩人都聚焦在同一事件上（例如：
孩子沒有顧好他的腳踏車），而孩子往往在這時候把焦點放在一些
跟此事無關的事件上。照顧者接著挫敗地回應：「注意我現在正在
講什麼！」或是「不要岔開話題！」孩子則藉著轉移焦點，來減低
照顧者當下明顯對他產生的負向經驗。倘若照顧者要找回他的專注，
就要終止所有對他的動機的批評指責，而只是處理他的行為，那才
有可能成功。

　　互為主體的第三種要素特質，是分享關於他們在一起活動的互
補意向（complementary intentions）。這些意向分享通常包含彼此的
了解、在一起時彼此都很開心、對共同的事物有一致的興趣、從共
同的興趣相互學習及教導、彼此分享對體驗的看法。當他們的意向
不同時，體驗會很快地失去互補意向的特質。這種狀況會發生在當

一人想要教，而另一人不想學時，反之亦然；當一人想要分享自己的體驗，而另一人不想要了解時；當一人想要跟他人在一起，而他人在那時不想參與其中時。

當我們想到互為主體三種元素的特質時，我們可以感受到互為主體在人類發展上所扮演的重要角色。分享情緒或是情感調和可以視為發展情緒調整能力的核心，分享注意力則在發展一個人專注力的長度上有其重要性。最初，幼兒的專注是停留在照顧者所給出的很長的注意力，因此，他的注意力也才相應地得以展開。分享意向是發展合作的核心所在。

 ## 互為主體發展及影響的例子

在孩子的生命中，很多事件引發新的、不明的、混亂的或是挫折的狀況。為了讓孩子可以處理跟那些事件有關的情緒並加以理解，透過跟照顧者對那事件的體驗連結通常是最有益的。如果她處理好自己的情緒，而且表示她對事件的了解，孩子就較可以處理好自己的情緒，而且能夠理解事件的狀況。孩子是要依賴照顧者對這事件的經驗來整理他對事件的經驗。有時候，照顧者預料到孩子即將要跟事件做出奮戰，她會先傳達她處理的方式。在其他時候，她注意到孩子正在與事件奮戰中，她會參與，而且讓他知道她是如何處理的。

➤ 挫折感的處理 ◀

一個 4 歲的孩子在玩玩具時，臉上出現了挫敗感。他突然大叫起來，然後用力把車子摔在地上，接著把手肘放在膝蓋上，把頭埋

進雙手裡，他臉上明顯表示出他的不快，大吼著說：「笨蛋車！」

　　孩子首先表達出他無法弄好那車子的強烈經驗。當照顧者的反應跟隨著孩子，亦即她正在對孩子的經驗做出深入了解，讓她可以跟他的經驗連結，協助他整理它。所以她會用相似於孩子的節奏和強度的聲調說：「當你不能弄好它的時候，那真是很困擾呀！非常困擾！」

　　她跟他的情感狀態相配合，就像他的狀態一樣，把焦點放在車上，而且呈現出她了解及支持孩子的經驗的意圖，這時候他正向地反應她的意圖。她正在傳達她可以了解孩子的挫敗感：為什麼這麼困難，以及對他而言有多困難。她的反應很容易讓孩子更進一步表達他的經驗：「我永遠做不到！」這時候，照顧者的反應也許可以表達她了解這件事情比她當初所想的更困難：「啊，我的天！你認為你永遠都做不到！怪不得你會那麼生氣──如果你永遠都不能做到！」

　　不要跟孩子爭辯；這時候照顧者是要幫助孩子覺察：他的難過是跟他當下的信念──「我弄不好那玩具的失敗」──連結。照顧者在體驗到孩子的氣餒後，也許可以讓孩子有些許反思，並回想之前他曾經有過的成功經驗。之後他也許會再拿起那部車子，甚至拿到照顧者那裡要求協助把車子弄好。

　　在這個例子中，照顧者只是單純的傳達她體驗到孩子的苦惱，讓孩子可以處理那情緒，去深思他的體驗（透過照顧者覺察到那事件對自我的重要性），和持續他最初想要把車子弄好的想法。照顧者協助孩子更完整的經驗到他的挫敗所在，並更深入及廣泛地整理它，這樣孩子就更可以成功地達成任務。孩子會做到，是因為照顧者可以跟他的挫敗感連結，跟他一起體驗那事件，而且利用照顧者的能力去調整他的情緒狀態，以及深思狀況所在，讓孩子可以更好

地發展他自己的經驗。

連結經驗有助整理

事件帶來的強烈刺激及突發性通常超出孩子心智整理的能力。情緒也許變得難以調整，導致孩子無法有能力專注於處理事件，及維持他當初想要達成的意圖，因此，事件發生對孩子有以下的影響：

- 對於調整強烈的情緒有困難（不安、驚呆）
- 極度的逃避，引發粗心大意、注意力不集中
- 缺乏目標、導致偏差或容易衝動

當照顧者連結孩子跟她個人的經驗時（她的一致性自我、有能力調整及整合經驗自己的生命歷史），就有可能發生以下的狀況：

- 透過照顧者共同調整情緒，減輕情緒的強度。
- 因情緒已做了調整，孩子可以有能力面對事件（就像是在照顧者身後窺看事件）。
- 因重新訂定目標，孩子可以藉由他與照顧者共創的事件新意義，用對他最有益的方式彈性地回應事件。

孩子對苦惱事件的體驗也許會產生羞愧感、一種失敗的感覺或是害怕；照顧者對事件的不同經驗可以影響孩子的經驗。孩子經驗到他跟朋友的衝突，那是創傷、失落，或是目標未能達成的失敗。最有用的做法是照顧者單純的表達個人對事件經驗到的另一不同看法，而不要去跟孩子爭論她的看法是對的，孩子的看法是錯的。

以下另有一些跟隨孩子的回應方式的例子，大都是在表達深入的了解：

- 我不讓你去見你的朋友，你看起來真的很難過。
- 你好難過。

- 你真的很渴望可以去！
- 你看起來有點混亂！
- 你對自己可以做對這件事覺得很興奮！
- 你對剛剛你所做的感到驕傲！
- 你現在真的很生氣！
- 這對你來說是很難過的！
- 花了這麼多心血完成工作，你感到很放心。
- 你對自己做出的選擇感到很愉快。

在這些例子中，照顧者是跟隨著孩子對經驗的語言或非語言的表達，帶著相配對的情感和專注，還有互補的意圖，來跟他的經驗連結。照顧者是在協助他整理他的經驗，並找尋適當的詞彙來描述它。能夠賦予適當的詞彙，可以協助孩子在未來遇到類似經驗時更好地處理它。

有照顧者在場的非語言和語言的表達，比較可以帶領孩子做更進一步的經驗表達。於是類似以下的對話就會發生：

照顧者：我現在不讓你去見你的朋友，你顯然很難過。

孩　子：我真的很想見他！

照顧者：是的，你很想！你真的很想。

孩　子：他是我的朋友，我好想他！

照顧者：是的，他是！他是你的朋友。你在想你的朋友，好想啊！現在讓我給你一個擁抱。（孩子在尋求擁抱）

照顧者：你對剛剛你所做的感到驕傲！

孩　子：我做到了！我可以做到！

了解互為主體 3 CHAPTER

照顧者：是的！你才剛學玩這個拼圖。

孩　子：我在學長大！

照顧者：是的，你學到好多，好多！

　

照顧者：你現在真的很生氣！

孩　子：你不准我看電視。

照顧者：啊，怪不得你在生氣！

孩　子：我覺得你很不公平！

照顧者：所以你覺得我對你不公平！

孩　子：是的！我不喜歡你！

照顧者：所以你對我生氣！我是這樣認為的。

孩　子：是的！你不讓我看電視。

照顧者：原來是因為這樣！我想這就是你的理由。你現在
　　　　　不喜歡我！我可以了解。

　

　　當照顧者帶著與孩子類似的生動情感（非語言表達的強度及節奏）來回應他的情緒狀態（不管哪一年齡層）時，孩子會覺得跟照顧者較靠近，也能體會到照顧者對他的經驗的感受。這樣自然的回應，孩子才能感受到照顧者是了解他的，可以同理他的感覺的。當照顧者轉變成較多的講理、教導、訓話模式時，隨著孩子漸漸長大，照顧者想要透過經驗去協助孩子深入及整理個人經驗的影響力就會減少。照顧者這樣的做法也許可以讓孩子屈從，甚至是消極的聽從，但是照顧者在達成目標的過程中，缺少了孩子的積極參與。他對自我能力、內在世界的覺察和自信就會較少。孩子平時也許可以有恰到好處的行為表現，但一旦發生需要靠內在組織能力來選擇判斷最佳的解決行為的事件時，就無法處理了。

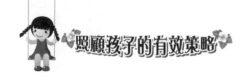

❧ 帶領孩子進入經驗 ❧

在上面的例子中，大部分的焦點在於照顧者如何跟孩子的經驗配對。有時候，更有利的做法是在孩子自己還沒有體驗到之前，照顧者先主動表達自己所經驗到的；這不一定要兩人有相同的體驗。照顧者不是在對孩子洗腦，而只是單純的讓孩子看到照顧者所經驗的，而這經驗也許可以活化他內在潛伏的類似經驗；孩子可以自由決定他是否要受照顧者的經驗影響。

例如，有一位媽媽從窗戶往外看時，見到自己的孩子正在保護他的朋友不要被鄰居的另一個孩子嘲弄。媽媽了解到她的孩子不喜歡與人起衝突，而且知道另一個孩子比他高大，也有一些攻擊性，她了解對她的孩子而言，面對和另一個孩子的衝突有多麼不容易。不久之後，孩子進來了，媽媽叫他過來，把手搭在他的肩膀上說：「那需要很大的勇氣！我很欣賞你剛剛為小奇所做的。我想你真的是小奇的好朋友，當小羅在欺負他時，你會協助他。」

她的兒子靜靜的回應：「他也會幫助我。」

媽媽進一步說：「我知道，你們彼此是好朋友。而我對你剛剛所做的感到非常驕傲，我覺得你很勇敢！」

在這個例子中，孩子沒有非語言地呈現他有自豪感，或是覺察到他自己有勇氣或者是一位忠實朋友的感覺。也許他大部分是體驗到自己對抗這高大男孩的焦慮。當他的媽媽體驗到他的勇氣和友誼，而且也以他為榮時，他也許會突然間經由這事件第一次經驗到自己是有這樣的特質。他媽媽經驗到他這個人，幫助他整理對自己這個人有著哪些特徵的看法的經驗。她帶領他去發現那些自我特質的經驗，而不是單純的跟他已知的經驗配對。她邀請他去經驗他自己，

就像她在經驗他一般；她沒有強迫他去接受。

其他例子像是：

- 是的，我想你明白了！你做到了！

- 哇！我對你剛做到的事感到很驚訝！

- 我覺得太好了！

- 我真的很高興你可以對此如此的誠實。

- 我覺得很難過，這對你是那麼的重要，但卻還要你再等一天。

- 我很高興你滿意你所選擇的。

為了將照顧者所深入了解的經驗對孩子產生影響，最有利的做法是明確的使用非語言的且重點式的表達方式。非語言的表達帶給孩子深厚的可信任感。語言本身的影響比較狹窄，孩子甚至會覺得照顧者只是說說而已——因為她是照顧者才不得不這樣說，並不是當真的。

當照顧者呈現強烈的回應時，還需要非常包容孩子對她所做的表達的回應。孩子也許對照顧者體驗到他的部分並不舒服，也許因為他自己正在矛盾之中，或是雖然照顧者經驗到的孩子的動機比較正向，但其實這並不是孩子當時想要的，他也許會覺得自己很假，而想要把自己覺得並不如她所經驗到的那種特質（例如：勇敢）隱藏起來。他也許覺得自己是在騙人而感到羞愧，此導致他會對照顧者表達的正向部分感到生氣。所以，如果孩子對照顧者所經驗到的他的部分出現質疑，那不是爭辯的時候。沒有所謂對的體驗。如果他對自己所經驗到的是不同的，照顧者最好是如上所述的採用同樣開放、好奇的態度。也許他當下不採納照顧者所經驗到的他的部分，但他會在他的記憶裡留下痕跡，而在未來，他會比較容易接受或是注意到類似的體驗（例如：勇氣）。所以，在上述例子中，當媽媽描述她體驗到孩子的勇敢時，他也許會回應說：「我才不勇敢呢！

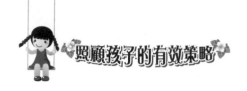

照顧孩子的有效策略

我真的很害怕。我不知道我還可以怎麼做。」

媽媽也許會這樣回答:「哦，你覺得害怕，而不是勇敢！所以你想要我知道你的想法。」

孩子：是的，媽，這沒有什麼值得驕傲的！

媽媽：我覺得你看起來有點害怕。所以你那時候是在害怕！但你仍然願意幫忙你的朋友。也許那時候你在害怕……而你所做出來的是勇敢。真的很勇敢，因為你真的很害怕！

❖ 其他例子 ❖

翰克12歲，在學校裡跟同儕發生了衝突。回家之後，他跟父親討論這件事。他的父親對這事件跟翰克有不同的體會。他跟翰克溝通自己所體驗的，希望可以影響他對自我感的看法。

翰克：我真不應該去那裡！

父親：你在說什麼？

翰克：我是說我活該讓他們捉弄我。也許我真的像他們說的是個令人厭惡的人！

父親：等一下！那些小孩在嘲笑你，你才向他們大叫，之後就打起來了。你覺得這也許是你造成的，因為他們對你所說的都是真的！

翰克：爸，就是這樣。也許我該面對事實，我就是沒有！

父親：翰克，我對你有這個看法感到遺憾，那樣只是把事件弄得更糟糕，這是我的看法。這件事你覺得你該

受到責備，你會這麼想是因為你開始用他們看待你的方式來看待你自己。

翰克：爸，我不知道，也許他們是對的！

父親：我很遺憾你有這樣的看法，那會把整件事弄得更困難，而我猜這會讓你更難放下。現在你把事件轉變成是你有問題。

翰克：爸，我不知道。

父親：我可以了解，翰克，真的很難，對你來說真的很混亂。我以為你會覺得自己是好的，而現在你出現自我懷疑。

翰克：我真的很混亂。

父親：我不混亂，我知道你是怎樣的，但是，我不認為我所知道的你是你目前所認為的你。此時此刻，你沒有看到我所認為的你。

翰克：是什麼？

父親：你誠實、有勇氣，而且盡你所能地顧及他人，而有時候對自己太過嚴苛。最終你會退後一步看到我所看到的你，現在你就像是被濃霧所覆蓋著一樣。

翰克：爸，也許你是對的，你覺得什麼時候才可以撥開雲霧見青天呢？

父親：我不是很確定什麼時候，但孩子也許我的愛能幫忙……和我的擁抱……和你再多想一下，你是怎麼樣的一個人……真實的你──那個那些人不能或不想見到的你。

修復互為主體

　　有時候孩子並不接受他的照顧者所體驗到的經驗。照顧者也許以表達她的難過，回應她感受到孩子的悲痛，而孩子也許會很不耐煩地說：「我沒有傷心！」很重要的是，照顧者在這點上要接受孩子的反應，可以的話是帶著好奇，如果他不是傷心，他的經驗會是什麼。跟孩子爭論他內在的體驗，等於是告訴孩子我比你更了解你自己；這樣的說法只會損害孩子對自己的信任和他的意願，以及對自己的想法、看法、感覺、記憶與期望去感受的能力，也會損害孩子對什麼對自己最好的直覺感受。照顧者也許是對的，孩子在那事件上真的有她所認為的狀況。如果是真的，照顧者剛開始的表達可以幫助孩子在未來有類似體驗時有所覺察，或是他將來也可能會有這類的經驗。但是照顧者若堅持自己是對的，就只會對孩子造成負向的影響，除了損害孩子對於什麼有益於己的直覺能力之外，也很容易產生抗拒及關係的疏離。他體驗到的是侵犯他的生活，而在未來也不會想要表達他的體驗，以保護自己不會再受到同樣的侵犯。

　　例如，約翰看到女兒雪倫在媽媽告知她不可以跟著去商店之後，就獨自坐在客廳裡。

　　約翰：你看起來很難過。

　　雪倫：我沒有難過！

　　約翰：啊，好的。你自己一個人坐在這裡，但不是在難過。
　　　　　那你現在的心情如何？

　　雪倫：沒事！

　　約翰：好的，沒事……你這樣坐著，讓我覺得你正處在難

　　過的時候。

雪倫：我沒有。

約翰：我知道你想要跟你媽一起去！

雪倫：那又怎樣！

約翰：我想當她跟你說你不能去的時候，你是很失望的。

雪倫：我沒有！

約翰：這樣我真的很難了解……我想無論如何，你就是不要跟我討論這件事。

雪倫：是的！

約翰：你也許覺得：「爸爸說什麼都沒用啦。我就是想要跟媽出去！」

雪倫：反正你就是幫不上忙。

約翰：真的，雪倫，我是沒辦法可以幫你跟著去……我只是希望對你現在所發生的任何狀況能有一些幫助。

雪倫：你不能！讓我自己靜一靜！

約翰：好啊，如果這是你想要的。如果你想到什麼，我就在另外一個房間。

　　這裡，約翰對他女兒是有用的、敏感的，而且對女兒的要求也給予回應。在經由和女兒的一段對話後，接納了女兒想要獨處的期望，約翰持續維持互為主體在場的狀況，間接地協助他的女兒可以更好地處理自己的經驗。

　　照顧者有時候要明智地帶著同理心，對孩子的經驗提供自己體會到的可能性，在另一些時候則須帶著好奇心提供開放的立場，不帶批判地去了解孩子經歷了什麼而導致他行為的發生。兩者兼顧的傳遞積極的興趣，以了解孩子的內在生命，而不是看穿他的心思。

有時候，照顧者先由孩子內在生命的體驗中，引出試驗性的、同理的焦點，而在另一個時刻又帶著好奇跟隨孩子內在生命的反思。照顧者與孩子兩人一起，共創孩子內在生命的經驗。

照顧者的好奇是非批判性的，不會導致孩子懷疑這是照顧者想要在他身上挑錯找碴。確切地說，這好奇的動機是因為照顧者渴望更了解她的孩子，以協助他處理任何他會有的強烈情緒。她用反映他的內在世界的方式來協助他，而不是要改變他。一旦他的內在世界弄清楚了——對照顧者及孩子兩者而言，照顧者在場的情感調和會很容易讓孩子體驗到，那是一種協助他處理狀況的動力，這對他是最好的，而不是期待去改變他，以配合照顧者的好處，然後，孩子才能經驗到照顧者主觀的立場跟自己在同一陣線。他主觀的經驗對她是重要的。當他的媽媽本著此一初衷，以非批判性的姿態跟孩子在一起時，他就比較可以接受照顧者的協助。

這位照顧者是假設她的孩子會盡力去達成對他自己最好的結果。照顧者也許認為他的選擇並不正確，因為他忽略了為別人著想，或是他的行動所帶來的長遠影響並不理想，而可能照顧者是對的。然而，為了協助孩子體驗行為對他人的影響或造成的後果，如果他可以經驗到照顧者的協助是來自於了解及同理，而不是單純地想要控制他的行為，照顧者將更有影響力。

很多時候，我們都會假設自己知道孩子的經驗，事實上，我們並不知道。當他真的很害怕而且想把它隱藏起來時，我們也許會假定孩子在氣惱；當他真的在做一些事情以便工作能做得更熟練時，我們也許會假定他是想要引起我們的注意；當他們認為我們的設限讓他不快樂時，我們會假定他懂得我們的設限是要保護他的安全。當這樣的假設出現誤差時——亦即我們沒有正確地讀懂孩子，他不會覺得被了解或被同理。如果是在誤會的狀態下，那麼我們的介入

也許不但沒有效益，反而會讓狀況更糟糕；這時候最好是延緩對孩子的內在世界做出評估。如果孩子對他的經驗不確定，我們可以用猜測的方式協助他，而不要有所認定。對孩子為何會做出如此行為的內在動機最好採取開放及好奇的立場，而不是相信我們已經知道他的感覺是如何。

互為主體的另一障礙

互為主體的出現，必須要兩人都被這經歷衝擊到。照顧者對孩子的經驗產生衝擊的機會較大，可是孩子的體驗也會對照顧者個人的經驗有所撞擊；當他們所分享的經驗是孩子所精通的事情時，更能得到佐證，例如：電腦。

當一個照顧者跟孩子同時有著互為主體的經驗時，看到孩子正在經歷興奮、愉悅、熱忱和自信，她很有可能會感覺到她對孩子是有貢獻的，而且會對她的孩子感到驕傲和滿意，同時也會對自己身為照顧者這個角色覺得驕傲及有自信。這種深層的交心分享時刻和她感受到自己對孩子的發展的重要性，對照顧者而言，沒有比這更好的報酬了。

可是在其他互為主體的經驗中，孩子也許會體驗到照顧者是愛找麻煩、自私、跋扈或是不在乎的；孩子也許會認為照顧者的興趣及價值觀是錯的、不當的，或是愚昧的。既然照顧者容易受到孩子經驗的影響——不然就不叫作互為主體的交流，照顧者也許會受到孩子對她的負向經驗和對她所在意的事的衝擊，而或多或少感到受傷。有時候照顧者在處理那樣的困擾時，會阻止孩子表達他的負向經驗；有時候照顧者的處理是對孩子的期待讓步，這樣孩子對她的體驗就會轉成正向。在第一個例子中，照顧者是在否認她的孩子有

影響她的能力，而後面的例子，則是照顧者放棄她可以影響孩子的能力。

在面對孩子對照顧者負向的影響過程中，為了維持互惠、安全及情感上的親近，最有利的做法是照顧者嘗試了解孩子的內在經驗，而不要假設孩子有負向的動機。如果照顧者開放地接納孩子對她的負向經驗，就很容易減輕那個負向看法，而且那個不同的看法不會影響彼此內在自我的看法，也不會傷害彼此的關係。

以下透過尚恩和媽媽的對話協助說明。

尚恩：我覺得你剛剛對我很不好！

媽媽：啊，你覺得這就是我說不的原因──我剛剛是一個不好的媽媽。

尚恩：是，你是！

媽媽：尚恩，你有這個想法，我很遺憾。那會讓你現在很難感到和我是親近的。真的很難。

尚恩：我不想要跟你親近！

媽媽：那正是我所想的。看起來你想要完全由自己來處理。

尚恩：是⋯⋯為什麼我不可以？

媽媽：尚恩，我可以了解你真的想要。

尚恩：我要。

媽媽：現在，我有一個想法也許可以幫得上忙。

她握住他的手臂，帶領他到另一個他可能會做的事上。沒多久，他就不再生氣了，而先前經驗到媽媽是愛找麻煩的，現在有可能變成她只是單純的一位媽媽而已。

了解互為主體

 # 依附為焦點的對話

珍妮 12 歲，已經參加學校籃球校隊好幾個月了。她幾年前開始玩籃球，而她的技巧的確有進步。在球賽快結束前的幾分鐘，她兩次上籃得分，協助她的球隊拿到勝利。可是球賽結束後，在回家的途中，出乎意料地，她在車上顯得沉默寡言。她父親決定在回家見到她的兄弟前，把車子停靠在一邊，先跟她到公園走走。當他們開始散步的時候，爸爸先對珍妮的精湛球技表達看法。

珍妮：我只是幸運而已！我沒有那麼好。

爸爸：啊呀，珍妮，我是如此為你感到很高興。你真的讓球賽贏了。可是你看起來並不快樂。發生了什麼事嗎？

珍妮：我只是幸運罷了。這種情形不會經常出現。

爸爸：所以，看起來你剛剛所做的並沒有什麼好高興的？

珍妮：為什麼我要高興？那不會再發生了！

爸爸：想要你看到我所看到的真的是很難。我並不是指你每一場球賽都會打得那麼好且贏得勝利。我的意思是幾乎在每一場球賽當中，你的球技都是愈來愈好了。

珍妮：可是我還是沒有那麼好。

爸爸：珍妮，你今天真的對自己很苛求。是什麼讓你那麼認為的？

珍妮：我只是不想要每一個人都認為我是球隊裡最好的。

爸爸：啊，我想我現在比較了解了，你有過一場打得很棒

059

照顧孩子的有效策略

的球賽，而你很擔心別人會對你的每一場比賽都有這樣的期待。

珍妮：是呀！我不是球隊裡最好的一員，有很多隊員比我還要好。

爸爸：所以，珍妮，如果我們現在先不提其他的隊員……你會認為你是不錯的球員，而且比起去年，你的表現是有進步了？

珍妮：我猜是。

爸爸：啊，我很高興，因為那就是我對你的看法！因為到目前為止你逐日進步，而你參加球隊並沒多久。我希望你可以對自己感到驕傲——不管怎樣，一點也好。並不是跟其他隊員做比較，只是跟你自己和去年的你做比較。我認為你真的做得很好。真的，我是這麼認為的！

珍妮：好吧，我是真的表現不錯。

爸爸：太好了！我很高興你可以為你所做的——你到目前可以做到的——感到滿意，而且對此引以為榮。你是很努力才得到這樣的成果的。

珍妮：我猜是的。

爸爸：你猜！你已經是這麼投入了。拜託，就開心點，一點也好啊！

珍妮：我說，好啦。

爸爸：你沒有說你會開心地去玩。

珍妮：好吧，我會玩得很高興。

爸爸：太好了，我們兩個都會。我為你感到驕傲。

珍妮：我知道了，爸爸。

爸爸： 我並沒有期待你在每一場比賽都是球技精湛，贏得勝利。而且你不用為了我成為球隊裡最好的一員，我還是會為你感到驕傲的。

珍妮： 我不用？

爸爸： 噢，珍妮，就算你沒有進到球隊，我也會為你感到驕傲。我知道你已經嘗試過了，你是因為自己喜歡玩籃球，而成為一個好的球員的。我會經常為你所做的任何事和你是你自己而感到驕傲。

珍妮： 你一定會……你是我爸爸呀。

爸爸： 我是你爸爸，是的……我一定會，是因為我了解你，而且為你即將成為的你感到驚喜。真的很驚喜。不論是搶球成功或是投了一個好球，都不會改變我對你的看法。我會永遠對你這個人和你即將會成為的那個你感到驚喜。

珍妮： 那是因為你是……

爸爸： 敗給你了……（兩人大笑起來），那是因為你是你。

照顧孩子的有效策略

了解個人依附歷史

　　安全依附對孩子的發展是舉足輕重的，這一點到目前為止已經很明確了。但是，對於照顧者本身的依附歷史將決定孩子可否從他們那裡獲得安全依附的重要性，則還不是那麼明確。這種親子間依附能力的親密連結，來自於心理安全及互為主體兩者的本質。

　　當一個孩子因為暴露在一個意識到的危機中，或是無法調整自己的情緒時，他會找尋照顧者以獲得安全感，而如果照顧者想要讓孩子感到安全，她必須自己先感到安全。如果在面對事件時（例如：巨大的聲浪或是一個靠近過來的陌生人），照顧者自己也害怕的話，對孩子而言，照顧者就不會成為一個安全的來源，反而很容易讓孩子更加害怕。照顧者需要先處理好自己的害怕，才能協助孩子處理他的害怕；因為是互為主體，孩子會希望透過照顧者對事件的經驗來決定自己所經驗的。如果照顧者沒有感到安全，又如何期待孩子可以感到安全？或是如果孩子有著強烈的情緒狀態——生氣、害怕、悲傷、羞愧感，也會讓照顧者產生跟孩子相類似的不可調整的情緒，

這樣照顧者的在場不但沒有幫助，反而會讓孩子的情緒更加無法調整。

互為主體是交互影響的狀態，表示一個人的情緒、覺察跟意圖對另一個人的內在世界有著影響力。當照顧者跟孩子情緒表達配合得上時，我們會看到照顧者的穩定情緒如何讓一個鬧情緒的孩子穩定下來。另一方面，孩子在鬧情緒時，也可能會影響到照顧者的情緒；孩子在憤怒的狀態下，也許會引發照顧者的火氣。此時，照顧者不只無法有效的給予孩子安全感，反而會讓孩子火上加油。孩子想要從照顧者身上獲得安全感，結果孩子卻感到更加害怕。

要孩子對照顧者有安全依附，得在他的依附需求正活躍時，照顧者能夠在場、細膩，並給予孩子適當的回應。也許照顧者在大部分時間都給了孩子適當的回應，但在重要的時刻卻疏忽了，孩子可能還是會感到依附不安全。因為這因素，照顧者自己的依附歷史需要先解決。

發展獨立自主的依附關係

成年後的安全依附被稱為獨立自主的依附；這表示此位成人已經獲得了安全依附，同時也可以獨立自主地發揮功能。她不需要犧牲自我以維繫跟她的伴侶或是好朋友的安全依附，而且也不用犧牲她的親密關係以獲得獨立自主的功能。

照顧者不一定要在童年時有依附安全的經驗才能成為孩子的安全依附者。當然，如果照顧者在童年有安全依附的經驗，會讓她長大後有很好的機會獨立自主地依附，而她的孩子也會安全地依附她；但是如果在她長大之後才獲得依附安全，就算她在童年不能跟自己的父母有安全的依附，她的孩子還是有可能發展出依附安全。所以，

重點不在於她是否解決了童年缺少的安全依附，重要的是，她目前的依附狀態才會影響她跟孩子的依附關係。

　　成人可以解決當初不穩定的依附歷史，只要她能回顧那些事件、調整她跟這些事件所連結的情緒、從新觀點中體驗這事件，和統整這些新經驗到她的個人故事裡。這表示她現在可以回憶任何有關過去的依附歷史事件，而不會讓自己被那些潛藏的羞愧感、憤怒、恐懼或是絕望的情緒所牽絆，以致不能調整自己的情緒。她再也不需要逃避或是曲解任何過去的狀況，她可以了解、接納和發展出覺察到這些事件是如何影響她的歷史及自我概念，同時可以維持著對此時此刻及未來的全然知覺。

　　基於不同的理由，童年事件也許還無法解決，或是即使長大成人了都不堪回想，有些事件跟明顯的創傷有關，例如：虐待、遺棄、失落、拒絕或是嘲笑。更可能的是，在當時，那些創傷並沒有從照顧者身上獲得保護、安撫和支持的連結。有照顧者積極在場，可以好好地讓孩子統整創傷，然後去解決它。但是，很多時候沒解決的事件並不跟特殊的創傷連結，而是和照顧者對孩子經驗到的壓力和不舒服，給予心理上的批評、拒絕，或是無法提供回應有關。孩子也許經驗到日常的生氣、害怕、悲傷或是羞愧，而照顧者也許會拒絕他對經驗的反應狀態，阻止孩子把這些感受放進他的歷史裡。

　　當照顧者能夠解決她的歷史時，她才能全然地（包括身體及心理）為了孩子而存在，在孩子的依附需求相當活躍時，才能有足夠的情感調節來反應孩子的混亂，使他可以成功地調整自己的情緒；她是跟孩子共同調整情感狀態。她也可以反應孩子在狀況中的混亂和疑惑，並有足夠的反思能力協助孩子對事件有另外的看法，孩子也才可以對事件有所反思，而且把它整合到他的生命故事裡；她正和孩子共創新的方式去經驗那件事──給予事件一個新的意義。

重整依附模式

　　當照顧者了解自己的依附歷史並非安全，而且在她的依附歷史中，有未解決的重要事件時，她需要知道她是可以說出來的，而且能夠為此做點事，以朝向獨立自主的依附邁進。依附模式是穩定的，但不必是僵化的；它們可以依據新的關係或是反思的經驗而有所改變，只要它對他們的決心有幫助。一位成人可以跟伴侶或是好朋友發展及維持情感上的親密，那在解決過去個人的依附歷史上通常是有利的。成人也許可以透過治療師協助她重新經驗過去，從而影響她目前和未來的生活，建立有意義的情感連結，以獲得更多的安全依附功能。

　　當從依附歷史引伸的未完成事件現在被覺察時，很容易讓她無法調整她的情感，並失去思考的功能，所以她無法了解那些事件以及處理它們所帶來的無法調整情感的影響。過去的記憶浮現，讓她產生當初事件發生時勢不可擋的情緒和想法。如果在她小時候，她的父親對她咆哮，而且威脅說要把她送到寄宿學校，那時所經驗到的恐懼及羞愧，在當下會像小時候一般強烈。在過去，如果這些恐懼及羞愧引發她避免跟父親互動，任何狀況及行為都很容易會讓她產生如同對父親一般的惶恐，或是所有她的感覺及期待會引導她的行為，因此在此時此刻當這些記憶再度出現時，她會很容易有同樣的反應出現。也許父親的生氣威脅對她而言那麼的勢不可擋，是因為她無法從母親那裡得到內在的調整，以便解決及修復跟父親的關係；或是她的父親並沒有道歉並主動地去修復和她的關係。如果有關的記憶在當下被她孩子的行為活化起來，她很可能會經驗到同樣的恐懼及羞愧感，或是會在她成人的角色裡用憤怒和絕望來反應。

在這種狀況下，如果她可以找到另一個可以成為她依附者的成人，會有利於她調整自己出現跟過去事件有關的感覺及想法。如果她的伴侶或是好友可以協助她調整她對孩子行為的反應，她就可以對那個行為維持一個調整的反應。

這時候，照顧者從伴侶、朋友或治療師得到的同理和無條件的接納，對她是最有幫助的。除非照顧者能夠調整內在情感，否則她從問題解決上得不到太多的幫助。照顧者伴侶的接納、好奇和同理，會讓她感到有更多的自我接納、自我覺察和自我同理，她就能更有自信地再次經驗過去的事件，認為自己是有力量去處理的，而且在了解過去整個事件時，較不容易羞愧和害怕。她的依附者（伴侶、朋友或是治療師）的陪伴，讓她可以維持對自己內在的覺察，而不會出現無法調整的情緒，並對過去的事件有所了解，且不會被它所淹沒。在這做法之下，當她的孩子無法調節情感時，她就有能力在當下持續陪伴孩子。

照顧者想要發展出獨立自主的依附能力，可以透過靜坐或類似冥想的練習活動，開拓內在的反思功能（Siegel, 2007）。經由這樣的做法，她可以有更多自我情感調節，並增進自我接納、覺察及同理；她會對自己有更多的耐性，且不會對自己犯錯有過度的反應。她就有能力用對待自己的方式去對待她的孩子，讓她的孩子對她有安全的依附。照顧者的自我反思和自我情感調整，再加上協調的互為主體的情緒交流的親密關係，是在孩子依附需求最強烈的時候，照顧者能夠全然陪伴著孩子的最有效方法。

照顧者反思自己的依附歷史，有助於當孩子的行為觸動了她童年的特殊記憶時，她有能力維持情感調節。Dan Siegel 和 Mary Hartzell（2003）提出的問題（表 4.1）可作為很好的自我反思的起點。照顧者愈能回憶任何有關其依附歷史的狀況，且不會再經驗到害怕、

照顧孩子的有效策略

表 4.1　父母親自我反思問卷（Siegel & Hartzell, 2003）

1. 說出你成長的過程？家中有哪些人？

2. 你早期與父母的相處狀況如何？從小時候到現在，你們關係的演變如何？

3. 你與父親的關係和跟母親的關係有不同嗎？有何相似處？有哪部分是你想跟父母相似的，而有哪部分是你不想跟你的父母相似的？

4. 你曾感到被父母拒絕或威脅嗎？在你的童年或年紀漸長時，生命中有讓你覺得被壓垮或受傷的經驗嗎？任何那些過去的經驗到目前為止仍然會讓你覺得還是活生生的存在著嗎？它們還會持續影響你的生活嗎？

5. 你的父母是如何管教你的？對你童年的影響是什麼？它們現在如何影響你成為父母的角色？

6. 你記得最早期與父母分離的經驗嗎？那是如何的呢？你有長期跟父母分離的經驗嗎？

7. 在你童年的時候或是最近的生活中，曾經有重要他人死亡嗎？那時候的你情況如何？那一失落的經驗在目前是如何影響著你呢？

8. 當你小時候，在你高興時，你的父母會有任何表示嗎？他們會響應你的熱情嗎？當你有壓力或不快樂時，會發生什麼嗎？你的父親和母親對你在情緒當中時，會有不同的反應嗎？是如何的不同？

9. 除了父母之外，還有誰在你小時候曾照顧你？你如何看待這份關係？這些照顧你的其他人發生了什麼事？現在你將自己的孩子託給別人照顧時，你覺得如何？

10. 當你小時候遇到不如意時，你有在家裡或在外面找到可依靠的正向關係嗎？你覺得當時那些連結對你有幫助嗎？而目前又是如何協助你的呢？

11. 童年的經驗對成人的你跟他人關係的建立有著什麼樣的影響？你有發現到你會因為某些發生在童年的事件而刻意迴避某些行為嗎？你想改變自己某些行為模式，卻覺得很困難嗎？

12. 你覺得童年經驗對成人的你的生活有著什麼樣的衝擊，包括你如何看待自己和你跟兒童連結的方式？在你了解自己和與他人連結方面，你想要改變哪些呢？

羞愧、憤怒，或是絕望的無法調整，就愈能準備好，在孩子無法調整自己的情緒時，有能力協助他。過去的任何事件再也不會令她基於害怕或是羞愧，而需要扭曲想法或是否認它的真實性。當人在害怕自己的想法時——不管是孩子或是成人，很難感到安全。有能力回顧任何記憶或是跟它有關的想法、感覺、觀念或是期待，而沒有恐懼或是羞愧的人，是個有無限自由的人。

　　有些照顧者也許會害怕對重要他人進行反思或是探索，唯恐導致跟他們父母的關係破裂，但是這樣的結果其實很少出現，因為反思過去的目的，不是要把童年的錯誤看法糾正過來，更確切地說，反思的目的是要理解在過去家庭中的壓力、衝突、未解決的事件，和避談的主題，以達到了解它們對個人發展的衝擊。

　　反思的目的不是要找人來對過去難以啟齒的事件加以指責，其實只是單純的開始把它提出來；這不是表示成人要去跟她的父母或是手足面質，事實上，通常當她有能力了解過去時，她便會發現很多事情都可以輕易放下。她會更容易獲得結論：她的父母已經盡力而為，他們不是故意要傷害她，讓她的日子不好過，事實上他們有試著用比他們自己成長的更好方式來養育孩子。但是，她也許會得出另一種結論，她要跟自己的父母在心理上有所分離，開始去發展出自己內在的安全，而且提供孩子同樣的安全感。透過反思自己的依附歷史，照顧者可以在一自由的位置上選擇現在對她最有益的做法。

　　建立反思自己童年的能力，照顧者會變得更有彈性，且可以覺察自己對孩子的反應。她會發現自己比較不容易用自己父母的方式對孩子做出反應（或不做反應），而且她更能開放地理解孩子的內在世界，沒有批判，而是更能接納，甚至對孩子跟自己的內在狀態不同感到驕傲，這樣孩子才能更自由地表達自己的不同。

重整依附模式的障礙

　　一個人處在高要求、高責任和高壓力的狀態時，很難去重整童年不安全的依附關係。當照顧者有未解決的依附歷史，孩子此時又呈現跟依附困難有關的狀況時，這樣子的生活壓力讓照顧者很難從當下發生的狀態反思自己過去事件的影響。當情況變得愈來愈困難時，訴諸馬上解決是可以理解的，而且很容易把焦點放在使用處罰為基礎的行為技巧上。當眼前的困難迫切地需要解決，而要把視線轉到過去的困難，需要相當的自信及信任。當照顧者看到過去如何影響到現在，也願意承諾去面對時，是一個很好的機會——可以找到處理目前狀況的方法，且不會把情況變得更糟糕，同時，也會把注意力放在自己的依附歷史上。她可以請求伴侶、其他家人和朋友給予短暫的大量協助，也可以制定更結構化的生活方式和第十章所提供的其他建議，來減輕衝突及壓力。如果想要有持久的效益，這樣的介入必須要跟遊玩、接納、好奇、同理（PACE）的態度一起應用（詳見第五章）。

　　另一個障礙是缺乏可給予安全感和自我探索的依附者。養育孩子本來就不容易，當你自己的依附歷史尚未解決，而孩子的行為問題又變得愈來愈嚴重時，那就更困難了。在探索你自己的依附歷史時，如果想要獲得解決，求助於人是很有利的，而且通常是有必要的。尋求治療協助則也許是有必要的。

　　第三個障礙是有關非常龐大及僵化的未解決依附模式。很多時候照顧者的依附歷史有充分的解決，而且連結到其他議題的化解，這便不會太困難；有時候歷史跟童年重複的創傷、疏忽、分離和失落有關，就會出現非常難整合及解決的依附歷史。在這樣的狀況下，

長期治療是有必要的。

 # 依附焦點的對話

先生跟 8 歲的兒子外出,家中留下母女兩人,媽媽跟 10 歲的女兒過了特別困難的一天。那天晚上當她的孩子上床後,她靠近先生身旁,毫不猶豫地說出自己跟女兒的衝突,而這是很經常出現的。

珍　：看到你跟丹走進門那一刻,我從未如此高興過。金跟我就是整天都處不來。(帶著疲倦和沮喪的口吻)

馬可：發生了什麼嗎?(有興趣、好奇和非批判)

珍　：噢!我不知道。剛開始還很好,但之後我猜就是有一些事情讓我們抓狂了。

馬可：你可以了解是什麼嗎?

珍　：是……我現在知道了。我告訴她如果吃完早餐之後,幫我清好桌子,我們可以開車到新開的熟食店,我會買她喜歡的低因咖啡給她,而我買一杯拿鐵。在我們開始忙以前,可以有一點時間放鬆和聊一下。

馬可：然後……

珍　：她一點都不想幫忙。她走開,去打開電視。所以我就自己清理一些,然後,問她想不想去新開的那間熟食店,希望可以動搖她來幫忙,但她說不要。

馬可：她只是想要待在家裡嗎?

珍　：也許,可是她經常埋怨我不跟她一起做事,因為我常常不在家,現在我們有機會——只有我們兩個,

照顧孩子的有效策略

　　　　　但她看起來一點興趣都沒有。她不想跟我做任何事。

馬可：而你是希望有一些美好、親密的時間！

珍　：是呀，有什麼不對嗎？我不是要求她整個早上做事。
　　　只是花一點時間在一起。也許改變一下在一起的做法。

馬可：沒想到事與願違。

珍　：是呀！所以我離開了客廳，自己動手清理完桌子，
　　　從那一分鐘開始我就愈來愈生氣……而電視的聲音
　　　開得很大聲，所以我就大聲地叫她把聲音調小。她
　　　毫無反應，所以我又再大叫起來：「小聲點！」但
　　　她沒理我，所以我走進去，然後把聲音調低。接
　　　著，她對著我吼起來：「太好了！難道你沒有任何
　　　更好的事情要做嗎？」我當然會回應她，然後就這
　　　樣持續地你來我往地吵起來。

馬可：我很遺憾，親愛的。看起來你真的是很想要跟金有
　　　親近的時間，沒想到不成功，結果反倒更疏離了。

珍　：我好累……我對她做的事好像沒有一件是好的，沒
　　　有讓她感到滿意的。對她而言，我們是不重要的。

馬可：你好挫折。

珍　：有時候就像是那樣子……她好像不喜歡跟我靠近。
　　　我做錯了什麼嗎？

馬可：你真的很沮喪，而且對你自己也很嚴苛。

珍　：我不應該嗎？我在她那樣的年齡時，我會願意給出
　　　一切，只要讓我媽媽可以陪我一個早上……就是只
　　　有我們兩個人。她總是很忙，總是有事情比我更重
　　　要，所以我決定當我有自己的孩子時，我不會用同
　　　樣的方式對待他們，我會挪出時間陪我的孩子。現

在我在做了，可是她不要花時間跟我在一起。

馬可：所以你是說那就像當初你跟媽媽在一起的情形。

珍：對，我媽媽不想花時間跟我在一起，金也不想要我跟她在一起。先是我媽媽拒絕我，而現在是我女兒拒絕我。我是在兩個時候被拒絕的人。

馬可：所以不管你和金在一起跟你和媽媽在一起是有多麼的不同，看起來結果都是一樣的。

珍：又來了不是嗎？我一定是那錯的人。我現在又再度做錯事了。

馬可：再一次！你為了媽媽不能花更多時間陪你，而在責備自己？

珍：不，不是現在的我……可是當我在金這個年齡時，真的感到如此。我覺得自己不是夠好的女兒。如果我表現得更好，也許我媽會比較喜歡我，想要跟我在一起，我有這感覺好久了……也許我沒有太常想到它。有時候我被動地接受事實就是如此，我就不再嘗試跟她接近。

馬可：現在你覺得金不想要跟你接近。

珍：那是我感到害怕的！有時候我會害怕她跟我就像我跟我媽一樣——客氣和有距離。媽和我都有自己的生活，不太會彼此分享。我怕金和我永遠都不會親近。不管我做什麼，都不會是她想要親近的媽媽。

馬可：噢，親愛的，現在我可以知道今天對你來說有多難過了。這看起來好像是你跟金之間逐漸變得疏遠的徵兆。就某種程度來看，像是在失去你的女兒。

珍：我很害怕是那樣子！好害怕！我可以做什麼呢？我

做錯了什麼嗎？

馬可：你太努力了？

珍　：什麼意思？

馬可：我不知道，對我來說，你是很好的人，金是可愛的
　　　女孩，你們兩人在自身方面都有很多進展。也許你
　　　太努力了，如果你只要讓你的愛就在那裡，陪著
　　　她，也許她會更容易有反應。就像如果你媽媽可以
　　　很明顯地和輕易地表達對你的愛時，你會對你媽所
　　　做的反應一樣。

珍　：可是我好想讓它發生。

馬可：你不相信它會自動發生嗎？

珍　：也許我對自己給的愛沒有信心。也許……也許對我
　　　媽沒有用；不管我多愛她，她還是沒有時間給我。
　　　也許我不相信只要愛金就行……也許我想要逼迫她
　　　接受。噢，我不知道。可是也許……也許……

馬可：你在說什麼，親愛的？

珍　：那也許……我必須要讓她接受我的愛，因為她很少
　　　自己來要。為什麼她會這樣？我媽媽從來都沒有這
　　　樣做？（哭泣）

馬可：噢，親愛的……這些母女間的事，讓你有好多疑慮。

珍　：不是那樣。不……我是這樣對待她的！

馬可：什麼意思？

珍　：只有一件事讓我有疑慮。好了，我可以處理的。就
　　　是我的疑慮，害我那樣對待金。我不給她選擇，而
　　　她不可以拒絕。我想要愛她時，她就得接受，不
　　　然，我就會對她生氣。有時候她只是想要不一樣，

　　有時候她只是想要自己一個人，或是跟她的朋友在一起，她只想要在我們所分享的事上有自由說要或不要，而我沒有給她那樣的自由。她一定要接受我的愛，否則我會生氣。我會覺得被拒絕，而且會想：「她竟敢如此對我！」噢，不，噢，馬可……我想要金符合我的需要，要她接受我的愛。我不想她成為她自己，因為我害怕……我現在還是會害怕，想到如果她能獨立自主了，她會選擇不再愛我來回報我。

馬可：你不覺得她會想從你那裡要到你當初在她這年齡時想要的嗎？

珍　：我的大腦說她會，可是我沒有這樣的信心。所以我想要促使它發生。但是又因為那樣，我把事情弄得更困難。要成為我的女兒，金就要放棄成為她自己。要她跟我靠近……她不可以跟我有隔閡。

馬可：哇！你真的這樣想嗎？

珍　：這是可以理解的，馬可！就是這樣！我需要讓她可以獨立自主。我需要讓她成為她想要的自己，讓我們的關係自然發展。

馬可：你知道我聽到什麼嗎？

珍　：什麼？

馬可：我聽到你談到對金的愛。不管那對你有多困難，不管你對不能靠近她有多害怕……為了她，你願意冒險……因為你愛她。

珍　：我沒得選擇——因為我愛她。

馬可：她會知道的。某種程度上她會知道，而且她會選擇

經常跟你靠近。不是因為你堅持要如此,只因為她想要。

珍　：我希望如此,馬可。我希望如此,但我不會犧牲掉她來獲得我要的。

馬可：我知道,珍。我知道。在那麼多我愛你的理由裡,這是其中之一。

珍　：真的,是真的嗎?

馬可：真的。而你無需非常努力來獲得我對你的愛。我愛你是因為你是你。

珍　：而你是那麼輕易地讓我愛你,馬可……因為你是你。

　　這番對話之所以發生在珍和馬可之間,是因為珍對媽媽不能在情感上有所給予,她已經有了一些解決。當她還是小孩的時候,她認為自己不夠可愛,所以她的媽媽不喜歡她。現在,成為大人之後,她可以比較了解她和媽媽間存在的距離。這樣的了解也許不會協助她在目前跟媽媽有較多的情感連結,但可以讓她覺察到那是如何影響自己跟女兒之間的關係。很多時候,照顧者可以把自己童年的經驗連結到目前與孩子的關係,而做出內省,這會讓她有能力對目前的模式做出戲劇性的改變。覺察通常能讓照顧者打破對過去的連結,並且讓照顧者對她的女兒和自己有著新的開放度及接納,也才有可能出現新的關係。

　　珍堅持要跟她的女兒有更深關係的建立,但因為馬可用接納、好奇和同理來跟她溝通,而不是分析和建議,讓珍在接納、好奇和同理自己之下獲得反思。在深入反思及對自己充分的了解時,這份安全感是必需的。

CHAPTER 5

PACE 的建立

　　對每個孩子——每位父母也一樣——來說，都希望家是可以讓人放鬆、覺得安全、有笑也有淚、有希望也有夢想的地方，而且是一個可以為自己的興奮和害怕、為誘人的冒險及挑戰做好準備的地方。當世界變得太有壓力或是過度刺激時，你的家是你的安全基地。或是在你離開了很久之後，你的家仍能找到進入你的心智和身體的方式，讓你回家後可以修復、恢復精神，和再次充電。如果可能，你可以回家；即使不能，光是想到家也可以讓你感到安慰。你的家是你安心的天堂。當家庭的運作是處在最佳狀態時，亦即成為安全基地及安心天堂時，可能就是有著 PACE（遊玩、接納、好奇、同理）的特質存在。

　　PACE 的內涵是一種態度，是人跟人之間彼此互動的態度，是珍惜和邀請個人的發展，但不需損害另一人的發展。PACE 是在傳達一種覺察：我們每個人都有自己的特質，我們在一起產生了相互庇護，沒有人會經驗到孤單感。在這樣的家裡，個人不會因家庭而

犧牲自己，而家庭也不會因為個人而被犧牲掉。所有人的權利——父母和兒童——都被重視和尊重。父母有權威不表示父母的內在比孩子的內在更重要。想法和感覺、希望和夢想、記憶和意圖、價值和信念——這些都歡迎在家裡溝通，促進家人的發展。父母保護和符合孩子的需要；父母要對孩子的安全負責任。善於保護孩子安全的父母，也會是善於讓孩子安心的父母。當孩子感到安全，他們就比較容易接納父母，並接受父母的管教和規則、價值觀和評價、經驗和意圖的影響。當孩子害怕父母對他個人的某些觀點做出批評時，他很容易隱藏那部分的自己，也因此父母對他那部分的影響就會減少。害怕也許在短期會增加孩子對父母的服從，但長期來看，代價是真誠的影響力減少了。PACE 可以增強孩子對父母的安全感。這時候，它能協助孩子準備和能夠接受父母的指引，而同時他的自信心也可以全然的發展出來。

PACE 是父母的一種態度，也是父母跟嬰幼兒投入互惠遊戲及開放對話時的內在狀態。這態度傳遞了一種開放、溫暖和邀請的無條件的愛及快樂的狀態；帶著這樣的態度，嬰幼兒可以不需費力地發展。這樣的態度有助於建立安全依附、親子關係、經驗到豐富和對彼此充分了解的互為主體，並協助孩子全人發展。因為很多的實際狀況、心理狀態和文化因素，使得這種重要的態度會隨著孩子逐漸長大而減少；PACE 的態度在父母開始讓幼兒社會化時會漸漸減少。在社會化過程中，父母很容易認為他們需要採用比較嚴厲和嚴苛的口吻，而不是單純的只讓他們的孩子注意到；那些聲調似乎是要傳達某個信念：孩子的行為是錯的。父母的意圖是要引發孩子發展較適合社會化的行為，但這嚴厲的口吻卻在很多時候暗示孩子，父母正在評價和改正他行為背後的想法、感覺和意圖。

習慣性的採用嚴厲的口吻對孩子的社會化不但無益，也許還有

害。這樣的口吻，也許是人類所擁有的最有效的社會化方式，但它並不鼓勵互惠，而且不會有利於互為主體。可是在管教時，要減輕這嚴厲、惱怒、非語言的聲調，並非如你所想像的那麼容易做到。我們歷經的世代，父母都是如此教養孩子，因此，任何朝向更開放及互惠立場的重要改變，都需要大量的反思和練習。

　　父母親的 PACE 態度，用以情感為核心的聲調傳達給孩子，便如同告知孩子父母正在對他有所體驗。這才能讓孩子從安全、開放的位置，以及表露的接納互為主體的經驗中，對父母做出反應。當孩子可以充分接納父母的經驗時，他對父母的管教也會比較容易接納。當父母對孩子的經驗高度接納，孩子對她也會有高度的接納。大量強調PACE，就不需要問題解決、規則和處罰，以及強迫服從。源於親子關係的管教，而不是威脅恐嚇，事實上是增強了管教。以下我會詳細介紹 PACE 的內容。

遊玩（P）

　　跟嬰幼兒連結在一起，很難不遊玩。當嬰幼兒在安靜和清醒的意識狀態時，他會想要跟照顧者有互動，可是，他不是在找尋授課，他是想要玩。他想要的互動要具備節奏、動作和笑聲的特質，並且帶著誇大的臉部表情和不同聲調的變換，我們稱呼它是唱歌的聲調。他想要不斷重複的安慰、持續的在場陪伴，而且他也想要從照顧者的表情來得到間歇性驚喜。大部分照顧者知道如何跟嬰幼兒維持他們的專注力。照顧者直覺地以孩子想要的方式——投入地和孩子一起遊玩。

　　照顧者與嬰幼兒彼此投入地在一起時，看起來真的是有一種能量能讓嬰幼兒活起來，而且讓照顧者想要跟孩子單獨在一起。有名

的嬰幼兒學者Daniel Stern，稱它為活力元氣（vitality affect），是具有情感聲調為背景的特徵，其在這些互動過程中明顯可見。他以強度和節奏來測量這樣的情感，當他研究這些進行和持續的情感狀態時，他發現大部分的照顧者直覺地跟孩子的狀態相配，有著一致的情感狀態。照顧者跟孩子兩人都有著相似的節奏，而他們表達的強度也是很相似。他注意到嬰幼兒在不同步的狀態中擇取相配的狀態；在照顧者的研究中也有相同狀況。照顧者與嬰幼兒間相配的情感狀態，被稱為情感調和，而且被認為是關係發展及嬰幼兒發展的基礎。大部分照顧者與嬰幼兒間常態的情感調和都包含了遊玩。

　　大部分照顧者與嬰幼兒間的溝通重點都放在遊玩。兒歌、躲貓貓、捉迷藏和「我找到你了」的遊戲，會引發刺激和歡笑；在遊戲當中，他們彼此傳達他們的期待、感覺和意向。在微笑和體驗到快樂及互惠的樂趣中，字句漸進的出現。這些部分很多都開始於管教之前，或是當遊玩是首要互動，而管教仍屬次要的時候。

　　這些早年連結的遊戲有很多好處：

1. 主要分享愉悅和興趣、興奮和快樂的情緒。
2. 在那些時候，關係有彼此接納和開放的特質。
3. 嬰幼兒透過父母在活力元素下對他的情感相配，學習到調整正向情緒。
4. 嬰幼兒發展與父母共享的興趣和跟照顧者有所連結的歷史。
5. 透過照顧者在維持跟孩子的活動中的注意力及專心度，嬰幼兒擴展了他的注意力和專心度。
6. 嬰幼兒透過這些遊玩，對自己和照顧者出現了非常正向的特徵。
7. 嬰幼兒和照顧者都出現了深厚的無條件的愛和安全感，這對未來要做出管教時有所幫助。

8. 在這樣互惠、合作的狀態下，嬰幼兒發現了這經驗的價值及樂趣。

當照顧者了解到遊玩的價值，而且把它放到日常生活作息中後，照顧者與嬰幼兒間的遊玩會持續孩子的整個童年，以協助關係建立及發展任務的達成。

❧ 發展遊玩態度 ❧

互惠的歡笑通常是遊玩態度的徵兆。歡笑是羞愧感和害怕最好的解毒劑，當他們歡樂的時候，照顧者和小孩都會感到安全和被接納。歡樂建立了無條件接納的記憶，而在任何彼此不同的地方或是困難底下都隱含了接納。當歡樂發生時，照顧者和孩子很容易會經驗到彼此和關係本身不只是夠好，還多了一種獨特的感覺。這些經驗建立了一個安全網絡，讓照顧者和孩子可以更好地處理未來的衝突及分離。很多時候，遊玩和溫和的取笑有重要的意義，照顧者和孩子藉此才能更容易接納彼此，以及溫和地提出彼此有可能引發的衝突。好比說一位父親在出門前總要把每樣事都重複檢查兩遍，結果變得有點讓人厭煩，對於他這樣的特徵，他可以自我嘲弄，以及接受一些溫和的嘲諷，他的家人也會比較容易接受他的怪癖和處理他增加的要求，而不會感到非常生氣。此一旅程出發就可以有比較好的開始。這種連結的遊玩聲調表達了關係是比任何小小的、讓人厭煩的家庭成員的特質來得重要；反之，這樣的接納也會讓這樣的特質變少。

幽默感可以協助孩子發展對事件的另類看法；幽默感讓人從另一角度看事件，而且在他要對事件的意義做出結論前，可以先暫緩一下，且會對他人的經驗採取開放的態度；幽默感讓孩子不會把事

件都看成是壞的，而且可以察覺到有正向的特質狀況，不會輕忽了它。

當兩人開懷大笑、溫和地開玩笑和說有趣的故事時，的確可以稱之為遊玩，而不必要是照顧者和孩子兩人要一起在玩什麼。當孩子漸漸長大、關係變得更親密時，遊玩通常以輕鬆和開放的特質，針對正在發生的狀態或是即將要發生的情況，隨時隨地地進行。照顧者和孩子在一起的時候，也許玩遊戲，也許出去散步。在活動中有著一種悠閒的特色；歡迎另一人進入他或她目前的狀態、分享個人經驗，以及開放自己對他人的體驗。活動的意圖只是單純為了有一空間和時間可以同在，其主要意圖只是單純的在一起，享受彼此的陪伴。在一起的時間中，其他的都不重要；任何衝突、責任和挫折都放一邊。這些遊玩的時間是幫助持續的關係加深、擴展和治療的真正時刻；在這片刻中，彼此都有另一人全神貫注的陪伴。這片刻在日後是不容易被忘懷的，不管未來有何衝突發生，都不容易破壞彼此的關係。

在致力於日常生活的活動時，維持輕鬆和開放的遊玩特質很重要。這些特質帶領親子更能全然地進入此時此刻，而同時成為他們無條件關係建立的基礎。這特質可以協助他們在彼此的關係裡、在重大的目標及對未來生活的延伸上，對重要的事情有著一定的看法。這特質讓照顧者和孩子不會把事情看得太嚴肅。當孩子犯錯時，照顧者也可以體驗到孩子成功的地方；當孩子出現困難時，也能看到他的能力所在；當照顧者強加「不公平」的管教時，通常被認為是不必要的，但卻有其好意。以來自親子間兩人相伴的喜悅及快樂為背景，就會較容易面對及解決任何問題。有一位父親告訴我他跟 7 歲的孩子起了衝突，兒子叫他作「凶老頭」。那天稍晚，那孩子告訴爸爸說他愛他。父親提醒他較早前他如何稱呼他，而且問孩子他

是否想要改變主意。孩子說:「噢,不要,爹地,你是凶老頭,但是不管怎樣我都很愛你。」

有一位媽媽有一個8歲的兒子,叫山姆,他就像很多8歲的孩子一樣不修邊幅。當她經過家裡的餐廳時,看到他的夾克有一半掉到地上,所以她就大喊在客廳裡的兒子出來把衣服掛好。她聽到他在發牢騷有關什麼在看電視的事,所以她帶著微笑,自己把衣服拿起來。半小時之後她叫兒子和先生吃飯,當他們進入廚房時,發現山姆的夾克掛在窗戶上,而那通常是用來掛植物的地方。

山姆:媽!

媽媽:什麼?(一副無辜的模樣)

山姆:你為什麼這樣做?

媽媽:什麼?

山姆:把我的夾克掛在那裡。

媽媽:我想我要幫你的忙,而我剛好要到廚房來,結果就
這樣了。

爸爸:你還真是會幫忙。

媽媽:嘿,當他無法把夾克放好的時候,我沒有看到你幫
忙山姆。

山姆:嘿,我要自己掛我的夾克。

媽媽:那很好,如果你沒有好的地方可以掛起那衣服,我
有一個特別的地方給你。

爸爸:在哪?

媽媽:也許在車房……也許在隔壁喬治家的房子裡。

爸爸:你不敢。

山姆:爹地,媽瘋了。你最好不要那樣說。

> **媽媽：**你告訴他，兒子。他最好不要那樣說。嘿，剛剛說
> 　　　　我瘋了什麼的嗎？
> **山姆：**你是！沒有媽媽會把孩子的夾克掛在廚房的窗戶上。
> **媽媽：**你的意思是說，沒有其他孩子的媽媽會用我幫你的
> 　　　　方式去幫助他們的孩子？
> **山姆：**拜託！
> **媽媽：**有一天你會感激我的。

❧ 遊玩與修復 ❧

以下包括了對可增強依附關係品質的遊玩的建議。

⊙ 承認錯誤

照顧者能夠承認自己犯錯，就不會那麼容易把他們自己所犯的錯看得太嚴重，而且可以拿來大笑一下。這是對孩子示範如何面對錯誤，而且也鼓勵照顧者用同樣的態度面對孩子犯錯，這樣他們才會如照顧者般地面對他們的錯誤。

例如，有一位父親離開飯桌一陣子，而當他回來的時候，他看到孩子在吃飯後甜點。

> **爸爸：**我告訴過你要把正餐吃完才可吃那個餡餅的！（接
> 　　　　下來一片沉默。孩子看著櫃檯上的空盤子，然後看
> 　　　　著爸爸，而他的爸爸也看到了。）
> **爸爸：**喔！（拿起他自己的盤子，把它放在孩子面前。）
> 　　　　我的意思是說你要先吃完我盤子裡剩下的東西，你
> 　　　　才可以吃你的餡餅。

兒子：（看著他爸爸的盤子一下子之後）那你的意思是說，你一直要等到你的盤子是空的時候，你才可以吃你的餡餅。

爸爸：我想是這樣。

孩子：爹地，可是，我只有空間留給我的餡餅！抱歉，我沒辦法幫你的忙。

爸爸：（大笑）好了，你贏了！我應該先看看你的盤子，然後才說你吃餡餅的事，你抓到我的錯了，抱歉！

孩子：爹地，沒關係，可是你還是不能吃你的餡餅，要等到你吃乾淨盤子上的東西才可以。

◉ 保持開放的態度

能夠在令人生氣的狀況裡看到幽默是很有幫助的。當照顧者能夠暫緩批評一個孩子行為的動機，就比較容易看到孩子的內在意圖跟他的外在行為結果並不一致，然後，就不至於對他的行為太過焦慮不安。這樣才能保有幽默的空間。

有一位男人回到家後，發現他家的草地還沒有除草，雖然他已經告訴過兒子，他必須要在晚餐以前完成這工作。但這父親不先假設他的兒子是忘記該負的責任而責備他，反倒採取先了解孩子沒除草的原因。

父親：我發現草地還沒除草，發生了什麼嗎？

兒子：桶子裡沒有汽油了。

父親：我不是告訴過你如果沒有汽油，要用剪刀嗎？

如果父親假設孩子是在跟他對抗而責備他，就會變得關係緊張，

085

幽默和親近就會被排除掉。不以我們的假設為基礎來批判孩子的動機,而是先詢問孩子有關的狀況,通常會減少衝突,而且增加成功溝通的機會。

⊙ 當可以的時候放輕鬆點

照顧者如能維持好玩的態度,很快就會發現當他們提出孩子的不當行為時,孩子不會那麼容易反抗,而且會主動接受責任。幽默是說明這「只是行為」,讓這行為可以更容易地被說開來。

例如,有一位父親走進客廳,看到電視開著,但功課卻一點都沒有動。

父親:當我走進家裡時,電視是自己開著的,而作業本子緊緊地黏在一起,沒有打開過——這點總是讓我感到訝異。

女兒:是呀,爹地,我已經關了很多次電視,可是它都自己自動打開來。

父親:那作業呢?

女兒:我試著打開,可是我很害怕我會把它撕破,所以我不敢太用力打開。

父親:謝謝。

女兒:沒什麼啦,爹地。

父親:對我來說也沒什麼,來吧,看我是否可以協助你把作業本子打開。

女兒:太好了,爹地!(從沙發移位到放著作業本子的桌上。)

接納（A）

　　要接納一個新生兒是那麼地容易；任何有關嬰兒發生的事情都是那麼珍貴、那麼合理，看起來沒有什麼好評價或改變的。他的行為就算讓照顧者感到有點困難，也很容易被接納。就算他又弄髒了才剛剛換好的尿布，照顧者也知道他不是故意的。對他行為背後的想法、感覺或是動機都不會做出批判，因為他的內在還沒有形成。嬰兒他就是這樣的可愛。對大部分照顧者而言，接納嬰兒就像愛他一樣地容易，就跟呼吸一樣地自然。

　　當幼兒和較大的兒童在跟照顧者連結時，倘若他的內在未感覺有被拒絕的危機、嘲諷或是失望時，他的安全感會得到增強。不管未來會如何，他很確定他這個人和他始終都會是這樣的人，會完全地被接納。這不是說照顧者永遠不會對孩子生氣或失望，照顧者仍是會如此——而且是很多時候。確切地說，他們評價和指導、批評和指責的主題只是孩子的行為，而不是孩子這個人。

　　小小孩會在不同的狀態中將真實的情緒展露無遺；從高興和愉悅到生氣、害怕和難過都可以，而生氣的表達是最難為照顧者所接受的。在一個研究中發現，照顧者屬於安全依附類型而不是矛盾或是逃避類型者，比較能夠接受孩子的生氣，而其他兩種類型則較不容易。安全依附的照顧者不會受到孩子的生氣所威脅，不會把生氣評價為對或錯——那只是這個人的某一面，但是某些生氣的行為是無法被接受，就算是隱藏著生氣情緒的行為。

　　當孩子感到能夠完全地被接納而且是理所當然時，接納就會成為安全的地基，他會更願意從他的錯誤中學習，而且接受他的照顧者針對他所犯的錯誤所給予的決定，因為他的行為並沒有損害他的

自我價值或是威脅到關係，他有自由可以探索他所犯的錯誤，而且可以打開心胸，接受照顧者認為他的行為需要做改變的決定。帶著接納，孩子能夠體驗到照顧者對於他行為的觀點，而事實上是接受了他們的教導——雖然在短時間內，孩子也許會感到挫折和生氣。

接納是無條件的。他或她是照顧者的孩子，而不是他或她可以做什麼好讓他們的期待能有所不同。在很多家庭裡，照顧者對於全然接納他們的嬰幼兒並不困難，而且他們會對於這樣的禮物覺得非常興奮、狂喜、祝福和幸運。他們無時無刻都在積極發掘他們孩子的實質——那些實質讓他們不變地愛上了孩子和全然地接納孩子。

接納是不用得到允許的，行為則有待評價及教導。因為孩子在行為上有很多是需要教導的，照顧者需要教他很多東西。在對孩子的行為做設限或指導的同時，無論如何，照顧者都要持續呈現對他們的接納。照顧者的做法是把焦點放在教導及評價孩子的行為本身，但永遠不是孩子這個人；他們的做法不是要利用關係的拒絕來管教孩子。對孩子所做的不當選擇也許有後果得承擔，但這些後果不包含關係的威脅，或是對孩子本人缺陷的評估。

❧ 發展接納態度 ❧

發展及維持對孩子接納的主要要素，是要習慣地跳脫孩子所做的外顯行為，而覺知到孩子這個人。分開孩子及行為本身，能夠讓照顧者在提出行為的同時，也表達對這個人的接納；亦即孩子本身是被無條件的接納，但他的行為並非完全如此。我們的假設是，孩子的行為是他盡最大的力量，用最好的方式去反應他當下的狀態，協調他不同的興趣、渴求和認為的需要，照顧者可以不同意他的選擇，但仍能接納他選擇背後的意圖。

5
PACE 的建立

　　在我跟家庭工作的多年經驗中，我發現當我表達我相信照顧者和孩子雙方都以最大努力處理狀況和解決家庭問題時，是最有效率的方法。一旦知道我了解他們已經盡了力，照顧者和孩子雙方都比較容易相信我不是要找人責備；我知道他們不是自私、凶惡或是懶惰的。雖然他們努力的方法有誤，但是他們的目標是合理的。在他們的目標內，混雜著力量和脆弱。當知道錯在何處時，很多成功的行為就會隨之而來。倘若在所有人在場時，我沒有表達這樣的接納，有些人會感到不安；在這樣的情境下，任何問題解決的介入只會遇到抗拒，而最後則是不服從的結果。

　　對孩子的內在和彼此關係的信任，讓接納更容易維持。當某些行為破壞了這樣的信任，就很難對孩子持續表達接納的態度。有時這種信任的缺乏，是跟照顧者對自己教養能力的懷疑有關。如果照顧者可以在沒有羞愧感的狀況下，提出這些懷疑，她會在接納孩子時，以更適合的態度去說出孩子的行為。在其他時候，失去的信任很明顯跟孩子的嚴重行為有關；在這種狀況下，聰明的做法是先要了解孩子行為背後的意義，而不做出反彈。當孩子感到他這個人是被接納的，就會更容易跟照顧者一起討論自己行為的意義，問題解決就指日可待。

✦ 接納的障礙 ✦

　　以下的建議是想要透過想像接納會產生的特有障礙，以增加照顧者對孩子的接納度。

⊙ 減少你的生氣

　　當照顧者對孩子行為的生氣強烈且持久時，接納就會受到破壞。

照顧者通常相信對孩子表達清楚和強烈的生氣，他們的管教會更有效。在短期內，正向的結果是明顯可見的；長遠來看，這結果就會被蒸發掉，而行為則變得更根深抵固。照顧者的反應已經把行為帶到自我的領域，而孩子很容易去測試那樣的連結。他需要知道那答案，但同時也害怕：「照顧者所接納和愛的是我這個人嗎？」「我是她的孩子，她是感到驕傲，還是覺得失望？」這樣的懷疑以及測試的結果，是讓孩子去重複不當行為的核心所在，而不是我們所認為的只是不當行為。

讓孩子能夠在關係中維持安全感，對長遠的管教是最有效的。強烈的生氣只會讓安全感處在危機裡，安全感會增加孩子從管教行為中學習的準備。如果管教是針對孩子的行為，他是很願意去學習的；但是如果是針對孩子的內在，他很容易變得反抗和非常不能接受；如果管教指向孩子的自我，它會引發羞愧感。當管教是指向行為，一旦被指出來時，它引發的只是自責。

包含著短暫生氣表達的管教是比較有效的；這樣的生氣是透過所說的話，把表達的焦點放在行為上，而不跟行為的想法、感覺或是意圖相關聯。這做法是僅限於用在少有的、嚴重的不當行為上，而不是在較輕微的行為上。包含了自然環境的後果承擔，或者甚至是完全沒有特別後果承擔的管教，會是比較有效的，與伴隨著安撫、支持以及關係修復的管教相同。管教的行為最有效的時候，是當它們不會威脅到關係或是孩子內在的自我價值感時。事實上，管教也許是確認關係的無條件力量的方法；不管孩子做了什麼，關係還是存在的，孩子還是無條件的被接納。在那樣的狀況下，孩子比較容易從管教的行為中學習。孩子維持著一定的安全感，而且相信他的照顧者對他的行為做出限制的動機，是以他的最大利益為目的。

⊙ 避免負向批判

當照顧者對孩子行為背後的想法、動機和意圖給予負向評價時，接納就受到威脅。

通常，當照顧者對孩子的行為感到生氣時，表達的方式都包含了對孩子的內在自我的看法。當一位照顧者說：「你拿那些錢，是因為你常常覺得想怎樣就怎樣！」她的生氣和批評超出了孩子拿錢的行為，而且反應出她對孩子拿錢的動機的假設。經由她的生氣指向孩子的內在，他就會體驗到她無法接納他這個人。如果她的生氣是朝向他的行為，例如這樣的說法：「我在生氣你拿那些錢。」他基本的自我感覺和他們彼此的關係就會跟她的生氣分隔開來。

⊙ 護衛關係

當一個孩子犯錯時，使出不理睬（relationship withdrawal）的手段是表達接納的障礙。照顧者有時候把生氣、負向假設和不理睬混合在一起，作為管教的方式。不理睬看起來好像是必需的，是最終的管教元素，以確定孩子知道他的不當行為是嚴重的，而照顧者同等嚴重地看待這行為是不可再發生的。可是使用不理睬，經常會引發孩子內在的疑惑——照顧者是否喜歡他；孩子甚至會想到照顧者是否後悔生下他。關係本身會變得不夠安全。當不理睬成為日常生活的管教技巧，依附安全就會受到波及，有可能會引發進一步的行為問題。就算那樣的問題不會發生，經常不予理睬很容易產生關係疏離，會破壞關係的力量和影響孩子的未來。

⊙ 接納孩子的內在

當孩子說他不喜歡照顧者時，她是很難去接納孩子的。接納孩

子的內在，包括接納對她不喜歡的想法及感覺，對大部分的照顧者而言，非常具有挑戰性。照顧者會覺得孩子不公平、自私，或是可惡。但是他的不喜歡不是行為的事件，是一種感覺體驗；體驗沒有對或錯、好或壞、公平或不公平，只是單純的感覺而已。如果照顧者接納他的體驗就是如此，他就更能適當地表達出來，而不是用不當的做法來呈現。透過接納他的體驗，照顧者比較能夠對體驗的根本、與這體驗相關的其他事物，以及孩子對此體驗的態度感到好奇。例如，他是期望他不會厭惡媽媽，或是對不喜歡她感到高興？

接納指向一個人的內在，包括他的想法、情緒、態度、期待、觀點看法、記憶、意圖、價值和信念。照顧者也許有自己不同的內在特色，但是她可以接納那是他的，以及那是部分的他自己——至少目前是如此。如果他說他不喜歡照顧者，她可以給予設限，而且不接受他對她的不喜歡所做的行為。知道孩子不喜歡她，對照顧者而言是痛苦和不公平的。但是透過接納他說出來的感覺，她才有一個開放的出口來了解他不喜歡她的理由，從而有機會修復關係。如果照顧者拒絕他的內在，他就得把內在隱藏起來，那就更不容易說出和被了解，而更有可能引發不可接受的行為。孩子隱藏內在的心聲，會讓關係的修復更形困難。

照顧者需要相當多的內在力量去接受孩子對她的厭惡。但是，當照顧者能夠接受她在孩子的內心世界所發現的任何狀況時，她就可以著手解決任何導致如此發展的因素。

例如，10歲的約翰正在生氣，因為他的媽媽告訴他，他的弟弟可以跟小狗在外頭玩，而他卻要晚一點才可以。

約翰：可是我想要現在跟牠玩！

媽媽：現在輪到你弟弟。如果你們兩個一起跟牠玩，斑會

太興奮。

約翰： 那不公平！你總是讓泰迪跟牠玩。

媽媽： 我說不可以，約翰。你總是想要怎樣就怎樣。

約翰： 你對我好凶！你恨我！

媽媽： 哇！那是哪裡來的想法？

約翰： 可是那是真的！

媽媽： 約翰……等一下。我剛說了什麼嗎？

約翰： 你說我總是想要怎樣就怎樣。

媽媽： 噢，我的天，我說了這種話，不是嗎？這說法對你是不公平的，約翰。我很抱歉。

約翰： 你就是不喜歡我，不是嗎？

媽媽： 噢，約翰，如果我讓你有這樣的想法我很抱歉。我可以了解你從哪裡得出這樣的想法。你很生氣，因為你真的很想現在跟斑一起玩，但是我卻說不，然後你就生氣了。只是這樣而已。當每個人有時候不能做他想做的事情時，都會生氣。這並不表示你是自私的，或是經常只想到你自己，或你有什麼不對勁。我可以了解你從哪裡得出這樣的想法——是因為我認為你對我生氣是你的錯。我真的很抱歉，約翰，我會更小心我的說詞。

約翰： 我不覺得我常常想要怎樣就怎樣。

媽媽： 我知道，約翰。我錯了，而且不應該這樣說。

約翰： 為什麼你這樣說？

媽媽： 有時候我會犯錯。你在生氣，我不想承認有時候你可以對我所做的事生氣。有時候我覺得你不應該跟我生氣，我猜我在找理由來解釋，而理由是你有問

題……而你對我生氣也有問題……但事實並不是如此。

約翰：所以我可以對你生氣。

媽媽：當然可以，約翰。當我爸媽說不可以的時候，我通常都會對他們生氣。

約翰：你的媽媽會因為你對他們生氣而生氣嗎？

媽媽：（微笑）我猜她會，很多次。也許那是為什麼我有時候會對你這樣子。當我媽媽說出同樣的話的時候，我不喜歡，而現在我對你做出同樣的事。我必須更加努力才行。

約翰：我同意。

媽媽：所以，如果你想因現在不可以跟斑玩而生氣的話──隨便你了。

約翰：不，沒關係。我現在不想跟牠玩了。

好奇（C）

當父母探索他們的嬰幼兒時，那真是些很奇妙的時刻，而──就像我最近所學的──祖父母對他們的孫兒也有這樣的感覺。每一個動作、臉部表情、牙牙學語聲和每一瞥──每一個都是獨特的──所傳達的非凡意義都會受到激賞。每一個外在的特點都被體驗到，且被視為是「我的孩子」的獨特樣貌，並被標註為可愛的。每一位父母都常會為他們的孩子現在的樣貌及將來可能的樣貌感到開心；每一位父母會想要告訴這個世界有關他們對孩子的發現，因為他們相信這世界會跟他們一樣，有著同等被孩子吸引的興奮。

從一開始知道嬰兒在子宮時，父母就發現他們對嬰兒的樣子很

好奇。出生之後，他們持續觀察孩子的樣貌特徵，包括嬰兒的外貌、動作、生理節奏、他的眼睛注視哪裡。他們發現在每天的活動中都有微妙的變化，他們很快就注意到新的事情，然後想要去了解是什麼。通常新的部分指的是有關他們嬰兒的特殊特質和能力。父母持續專注於對他們嬰兒的發現，一旦發現了什麼，他們允許其對自己造成影響。他們的嬰兒看到他的行為動作和表達對父母是有影響的，就變得更覺察這些行為動作，而且很容易投入在引發父母親正向影響的行為動作上。他的父母親持續其對嬰兒的好奇心，引導他們對深植於嬰兒非語言表達的內心世界做出猜測。他們跟嬰兒的互動方式跟他們所猜測的一致。這些表達的模式、猜測和反應，實質上，對嬰兒組織內心世界的發展大有幫助。當父母觀察到孩子對貓咪有著熱絡的反應時，父母對他對貓咪感興趣的事也表現出相配合的熱情，當他受到貓咪吸引時，他的興趣就比較容易進一步有所發展。如果他對貓咪的興趣引不起父母的反應，嬰兒就不容易對貓咪發生興趣，並且不會去認識，以及把焦點放在那裡。

因為互為主體的經驗本質，照顧者對嬰兒面貌和表達的意義的發現，會大大的影響嬰兒對自己的體驗。當父母親發現他們的嬰兒是令人愉快的、可愛的和有趣的，他們的嬰兒就會有那種特質；但如果照顧者覺得她的嬰幼兒是懶惰、凶惡或自私的，嬰兒就會覺得自己有那樣的特質。感謝老天，會這麼想的父母親是比較少的，除非照顧者自己本身認為有著像她所說的嬰兒的特質。大部分的父母親，大多數的時間，都會發現他們的嬰兒是了不起的，是他們每天迫不及待地愈來愈想要更了解的人。

照顧孩子的有效策略

🌱 發展好奇態度 🌱

當孩子的年齡漸長，管教成為日常親子互動中必需的部分時，照顧者對孩子的好奇態度就會產生困難。管教是指去教導孩子有關某些行為或事件安全或不安全、適不適合該年齡，以及對與錯的必要性。在管教時，照顧者通常會開始假設他們了解孩子的行為原因。因為孩子正在做照顧者不想要他去做的事，也因為照顧者之前已經告知孩子很多次什麼是對與錯，照顧者通常會開始假設孩子偏差行為的動機本身是錯的。照顧者會認為他們的孩子之所以會如此做，是因為「他想要怎樣就怎樣」，或是「她就是在偷懶」，或是「他就是不夠努力」。

管教行為開始代替了去發現的做法，負面的動機假設代替了正面的；亦即這些假設代替了對動機的好奇。當這樣的情形發生時——基於互為主體的特色——孩子會開始假設他們真的是有負面的動機、想法或感覺，他們也會認為自己有某些問題。有些孩子開始放棄對自己這個人的看法，為的是要維持跟照顧者的依附安全。有些則會反抗照顧者對他內在的假設，對抗他們對他的觀點，甚至威脅到他對他們的安全依附，以達到保留他的自我感的目的。他想要說服照顧者他不是他們所想的壞孩子；與其有自信地長大成為一個既可以親近照顧者的人，同時也是個獨立自主的孩子，他開始認為必須在自己和關係中做出選擇。

🌱 非批判的「為什麼」 🌱

當照顧者可以維持對孩子的行為有強烈的好奇感時，很多的困

難是可以避免的。如果照顧者對孩子的內心世界持續處在開放、非批判的立場，他們就可以避免通常在管教時會出現的衝突和關係壓力中給予管教。該受管教的是行為，而不是對他的動機的假設。當這是跟他的行為有關，而不是想要去改變他的內在時，孩子通常可以接納照顧者的權威。

好奇的態度是種「不知道」的狀態，照顧者需要關心地詢問孩子導致他目前行為的內在狀態。不管孩子出現何種表現，都帶著接納的態度，這樣的詢問就會很容易奏效。如果孩子要開放地與照顧者共同探索他的內在，他需要獲得安全感，確知他的內在不會受到批評。當狀況發生時，孩子的行為造成了自己或他人的苦惱時，孩子比較可以承認自己的錯誤，而且願意修改自己的行為。如果孩子的內在被批判，他會很容易感到羞愧，而且會企圖隱藏和否認他的行為。

帶著不知道的態度，把焦點放在對行為本身做出適當的回應，照顧者就可以在一個絕佳的位置上接納狀況和處理行為。這樣，孩子也就比較願意去探索導致行為的可能要素，其包括了以下的可能性：

- 相信他必須靠自己獲得所需而不能依賴他人
- 感到不安全
- 感到孤單
- 感到羞愧
- 相信毫無希望了
- 害怕受到傷害或是獨立
- 害怕被拒絕
- 難以自我調整強烈情緒——正向或負向
- 難以依賴照顧者共同調整情緒——正向或負向

照顧孩子的有效策略

- 感到他的生活是艱苦的
- 感到他的照顧者根本不懂也不了解他
- 假設照顧者的動機和意圖是負面的
- 對自己的能力缺乏自信
- 對照顧者在他困難的時候會給予安慰或協助缺乏信心
- 不願意讓自己去找尋或是接受安撫
- 無法了解照顧者為何會如此做事
- 因為內在存在著恐懼情緒，所以必須否定自己的內在
- 就算他想要，也無法表達自己的內在世界
- 害怕失敗
- 害怕相信會有快樂或是成功

當照顧者接納他們的孩子時，上述體驗到的看法才比較容易在互為主體的經驗裡出現。然後，照顧者可以參與到孩子的體驗，當它消失和成為了統整的一致自我感時，行為問題便很容易減少或是完全停止。

🌸 去探索「為什麼」 🌸

對孩子的想法、感覺和意圖採取非批判、開放的好奇態度，有利於孩子發展出辨別自己的想法、感覺和意圖的能力，並鼓勵他誠實地去表達自己的內心世界。這樣照顧者就能夠更加了解他和協助他，就算他的照顧者需要限制他的行為，他也會感到被了解及被接納。

照顧者若想要表達這樣的好奇，也許可以嘗試使用以下的問題和說法：

- 對你來說那是什麼？

098

- 告訴我這件事。
- 對你來說有什麼意義呢？
- 你希望會是如何呢？
- 你對此有什麼看法？
- 你現在有什麼樣的感覺嗎？
- 你認為是什麼讓你覺得那是如此重要的？
- 如果你那樣做，你會希望接下來發生什麼嗎？
- 我想我了解你為什麼會想要那樣做——有任何理由讓你不那樣做嗎？
- 如果不是用你的方式去做，你覺得那會如何？
- 如果不讓你做，你會覺得很難過嗎？
- 看起來你真的很期待。
- 你用了多少時間來計畫？
- 如果你不能那樣做，想像那將會變得如何呢？
- 我想我可以了解這對你的意義。我有漏掉什麼嗎？

　　很重要的是，提出這樣的說法和問題時，得帶著非語言的接納和開放的姿態來表達；同等重要的是，照顧者真的有在聽孩子的反應。照顧者的意圖是要去了解，而不是要找到改變孩子想法的出口，以及辯駁她已經做出的決定。孩子對照顧者的意圖很敏感，而且很快就知道照顧者是真的好奇，或只是單純跟他們「講理」，目的是想以他們自己的想法和意圖來控制孩子。好奇需要照顧者真的有開放的心胸，願意受她想要了解的孩子的內在世界影響。

　　對孩子所展現的正向經驗和行為而言，好奇是同等的重要。照顧者正在表達她不只對孩子的問題及傷害有興趣了解，也有興趣去知道孩子的興趣及能力所在。她對她孩子的所有一切都感到有興趣，她不會把他的能力視為理所當然。當孩子做得好的時候，她不會忽

略他；她經常找理由為他感到快樂、感到欣賞，並驚嘆著他現在這個人，以及他即將成為的那個人。透過照顧者對他的那些內在特質的觀點和反應，他會更了解自己；他會更容易對自己擁有那些特質感到驕傲，並持續地去發展它們。

這些發掘的行動必須流暢且持續開放。如果它們是僵化的，孩子會經驗到他的想法或是某方面的感覺，或對某些事情或活動的興趣，有責任或是壓力去符合照顧者的期待。然後，他就會相信自己沒有空間去發展和改變，或他的照顧者也許會生氣、感到挫折或是更加疏離他。例如，照顧者發現孩子很愛打籃球，而且打得很好，照顧者期望他去參加校隊，而當他決定在他空閒的時候畫畫，她便感到混亂和失望。照顧者已經為孩子設計了一個遠景，讓他成為學校中受歡迎的運動員，但他卻背道而馳。當初他喜歡玩的籃球，現在因他對藝術的喜愛而變成一種失望。在這樣的狀況下，孩子不但不會感到被支持和理解，而且會更容易去隱藏他的希望和夢想。

例如，克里斯，9歲，已經失去下課後騎腳踏車的興趣了。他的媽媽對此感到疑惑，因為他原本顯得對騎腳踏車很有興趣，而且也沒看到他打算改變這個興趣。下課之後他只是無精打采地坐著。

媽　　媽：嘿，克里斯，怎麼了？

克里斯：沒有啊。

媽　　媽：哦，我最近注意到，你好像什麼事都不想做，包括騎腳踏車也是。

克里斯：我猜是吧。

媽　　媽：怎麼會這樣呢？

克里斯：我不知道。

媽　　媽：我覺得你最近看起來有點難過……有點心情低落。

克里斯：我沒事。

媽　媽：你說「我沒事」，讓我覺得你不是真的像你通常
　　　　說的沒事。

克里斯：我猜不是。

媽　媽：你在想什麼？

克里斯：不知道。

媽　媽：那是怎樣的心情——不知道？

克里斯：什麼意思？

媽　媽：啊，假如你不覺得好，而你不知道為什麼……那
　　　　是什麼樣的心情，不知道為什麼？

克里斯：我不知道。

媽　媽：所以你也不知道。這有點麻煩了。腦袋裡就像被
　　　　迷霧圍繞，而你不知道為什麼。最近腦海裡總是
　　　　有著迷霧在，一定讓你覺得很疲累。這種迷霧的
　　　　感覺已經很久了嗎？

克里斯：我猜是吧。

媽　媽：我想也是。我在想那是怎麼來的！

克里斯：我不知道。

媽　媽：是呀，當我腦子裡是一片迷霧時，我常常也不知
　　　　道是怎麼來的。可是我注意到，有時候它的確可
　　　　以讓我不去注意我不想要傷腦筋的事情。它是我
　　　　的朋友。

克里斯：什麼意思？

媽　媽：有時候，我認為那迷霧是想要幫助我不要去想那
　　　　些讓我厭煩的事。你認為你的迷霧也是這樣子的
　　　　嗎？

克里斯：我猜……可是我不是故意要害死那隻笨狗的。我沒有。我甚至不想要跟牠玩！（流著眼淚）

媽　媽：發生了什麼事，克里斯？

克里斯：那天我騎腳踏車到路上，遇到梅森，他正跟他的狗狗在外面玩。他的狗看到我，就開始衝過來。我看到有一輛車子正要開過來，我想要讓牠停止……可是牠還是繼續跑過來……然後，車子差一點撞到牠……然後，梅森先生就大聲地對我咆哮。他說我想要害死他的狗！我不是！我甚至沒有要他的狗跟著我。我沒有，媽！我沒有！

媽　媽：啊，克里斯……怪不得你需要迷霧來幫助你！梅森先生認為是你想要傷害他的狗！說你要讓他的狗被車子撞！這對你來說是很痛苦的事。首先，他的狗差一點被車子撞到，那一定是很可怕的事情……很可怕，因為我知道你有多麼愛動物。其次，梅森先生說你是故意這樣做——讓他的狗受傷，他這樣誤會你，對你造成很大的傷害！你是這麼棒的孩子、愛狗的孩子！梅森先生這樣說，很不公平。

克里斯：媽，你是真的這麼想嗎？

媽　媽：是，我是這麼認為的，克里斯。我想梅森先生沒有像我這麼了解你。如果他有，他會知道你永遠不會想要傷害他的狗或是任何別的狗。永遠不會！

克里斯：媽，他為什麼要這樣做？他為什麼會這樣說我呢？

媽　媽：我不知道，克里斯。也許他在害怕，當他害怕的

時候，也許說了未經思考的話。也許他覺得這是
他的錯，沒有讓他的狗留在他身邊，或是沒有幫
牠繫上拉繩。也許他為自己沒有讓他的狗安全，
覺得很愧疚，所以要找其他人來罵一罵。也許就
是那樣。

克里斯：媽，那是不公平的！

媽　　媽：是的，真的是不公平，兒子。不管他的理由是什
麼，他是做錯了，而且永遠不應該假裝他知道是
你讓他的狗走向你那裡，才害得牠受傷。他不知
道，因為那不是事實！

克里斯：媽，那不是事實。

媽　　媽：我知道因為我了解你，你不是會做那樣的事的孩
子！

克里斯：媽，我不是。

媽　　媽：沒錯，你不是（給他擁抱）。你知道嗎？也許你
不再需要那迷霧來幫你了。

克里斯：我覺得我不需要了。

同理態度（E）

　　嬰兒的情感狀態是很立即、很清楚、很有感染性。不管嬰兒表
達快樂或是害怕，他的照顧者很快就會感受到他的感覺。她很容易
分享和擴充他的正向情感，在此同時，也可以提供安慰和支持他的
負向情緒。以此方式，她可以讓嬰兒開始確認和調整他的不同情感
狀態。當照顧者在嬰兒的情緒狀態中跟他在一起時，他的情緒可以
受到控制；當嬰兒經驗到他的照顧者在同理他時，他便不會感到孤

單。透過分享情感的經驗，嬰兒覺察到對他而言，他的照顧者是可利用的、敏感的和有反應的。

當對嬰兒表達同理的時候，照顧者對有關她體驗到的嬰兒的情感狀態部分，會誇大她的非語言表達。她會用很清楚的臉部表情、節奏和聲音的變動，以及姿勢和手勢動作，表達她跟他在一起。例如，當嬰兒看著她，微笑，而且弄出一些聲音來，她的臉部表情、聲音表達便配合著他，同時，她的整個上半身伴隨著他的節奏和聲音的強度一起移動。透過照顧者的非語言表達跟嬰兒的表達同調，嬰兒經驗到照顧者的同理。

當嬰兒漸漸長大，他的照顧者也會用字句來表達她的同理，但是，這些字句通常都有清楚的非語言成分，傳達照顧者準備好要參與孩子的情緒狀態。她會有意圖去協助她的孩子處理他的經驗，不管是多有壓力。這樣的協助不是要解決孩子的問題或是拯救孩子，而是單純的在場，和跟他一起面對事件。照顧者當場的關心和了解，讓孩子在一個更有自信的狀態下面對苦惱——他不是獨自面對的。

透過同理，照顧者能輕易地參與她孩子的經驗，而且跟他一起分享。她不只是變得可以了解他的經驗，也可以深深地在她的內在體驗到他的經驗。現在，孩子感覺到照顧者「感同身受」，他對出現跟事件有關的任何情緒、語氣和感覺，都會覺得比較安心。如果孩子對事件感到很有壓力，當他跟照顧者表達時，體驗到她同理的存在，他的壓力就會減少。亦即她分攤了他部分的壓力。她帶有同理地在場調整，讓他容易調整任何出現的情緒。在跟她的情感語氣同步的狀態下，他可以同步在她表達出的相似的節奏裡，這樣處理起苦惱來就變得更容易。

當孩子經驗到他的照顧者在同理他，通常會讓他在處理非常困難的狀況時，能順應地調整他體驗到的強烈的生氣、害怕、沮喪或

羞愧感。當照顧者可以跟著孩子體驗他的負向情緒狀態時,這些狀態就會減輕;當照顧者跟著孩子體驗他的正向情緒狀態時,這些狀態就會增強。

同理必須經由非語言和語言兩者清楚地傳達出去。透過非語言溝通,照顧者是在傳達她有收到;她深深地感受到孩子正在經驗什麼,而他也知道這件事。她在表達她感受到他的悲傷、害怕或是生氣,而兩者她都接納,而且相信他能自行處理。如果他無能為力,則她會協助他。照顧者的同理讓孩子感到有足夠的安全去了解整個事件;他可以完整地反思整個事件,並發現事件的意義,以及對事件的可能反應。

照顧者不是要從事件當中去拯救孩子或是為他解決問題。她是在傳達她跟他在一起,而且相信他有能力去處理狀況,就算那是很困難的。她對孩子的信任轉化成孩子對自己的信任。照顧者對孩子的同理,讓孩子可以對那困難的嚴峻考驗有著自我同理。他會比較容易接納自己和狀況,以及可以較少感到挫敗、較少被自我批判分心,而且有較大的開放度去做出彈性的反應,以達到最佳面對狀況的需求。

❧ 發展同理心的態度 ❧

同理心是指對他人的一種自然反應。我們的大腦裝置有經驗同理他人的能力。如果我們從照顧者身上體驗到同理,我們就可以對那些視我們為依附關係者使用同理心;當我們的照顧者對我們呈現同理心時,我們也可以很容易地給我們的孩子同理心。我們無法給孩子同理心時,通常是因為我們被腦海裡的其他事情所分心,那些我們認為是對孩子比較有利的事情,包括解決問題、教導、糾正、

處理或是拯救。如果我們可以延宕那些反應,視它們在當時是只有一點或是根本沒有價值的,如此一來,同理的通道就可以疏通,同理心就會出現。覺察到同理的存在,而且允許它自身表露出來,通常就會讓我們帶有同理地跟孩子在一起。

重要的是,照顧者可以對孩子體驗到的情緒感到舒服。當照顧者增進自己的情緒發展後,一旦孩子有需要,她就能增加她經驗同理孩子的能力。

➤ 同理的障礙 ◂

很遺憾地,大多數時候照顧者對同理心是有幫助的沒有信心,他們寧可試著去修正問題、給意見,或是自己來排除問題。有時候,照顧者會用輕視問題的方式,給孩子找個理由,要他不用擔心。照顧者也許了解同理心的價值,但不會於日常生活中用在孩子身上。

照顧者不表達同理,是因為他們並不是在同理的環境裡被教養長大的,所以無法知道這樣的經驗的益處。如果我們過去沒有體驗到被同理,那麼很難去經驗到同理他人。

因為照顧者本身就是這樣被教養長大的,而且這也是很多教養指南裡的指導原則,他們對用講道理的力量來協助孩子更為信任。講道理也許能幫點忙,但除非孩子先感到被了解、安撫和接納,它才會變得有效。同理對那些經驗是有幫助的。而且,在強調道理時,照顧者通常暗示了事實上的解決方法是很容易的,孩子應該要想到,或是現在他已經知道如何處理問題的方法了,在未來他就不可以有同樣的問題出現。然後,如果孩子持續出現同樣的行為,他就會想要對他的照顧者隱瞞,因為他無法做到照顧者的建議,他感到很羞愧。

　　例如 14 歲的女孩貝芙，從學校回到家，她正在氣她的老師選了另外一個女孩做班長，而這是她一直很期待的角色。

貝芙：爸，這不公平。我真的很想要當班長！

爸爸：我可以了解。你是真的有努力想要爭取到。

貝芙：我有，爸，我真的有努力。吉兒也沒有比我更努力呀！

爸爸：看起來這看法讓你更難過你得不到這角色。

貝芙：是呀，這就是為什麼我覺得這是不公平的。我比她更好！

爸爸：所以如果你覺得她有努力，而且是跟你一樣的努力，這會比較容易讓你接受。

貝芙：是啊，這樣我就比較可以。我會失望，但是我可以面對。

爸爸：我了解。沒有得到這角色，其實還有更多的意義。你想要弄清楚為什麼你沒有得到，而這並不那麼容易找到答案。

貝芙：就是這樣！如果我覺得這是公平的，我可以接受。可是，不是！我想傑克遜太太比較喜歡她。

爸爸：哇！如果真的是這樣……如果她之所以得到是因為傑克遜太太比較喜歡她……如果你是那樣認為的，我真的可以了解你該有多生氣。

貝芙：她為什麼要這樣做，爸？她怎麼可以這樣不公平？

爸爸：如果那是吉兒得到的原因——她比較喜歡她……那真的是很難了解。我不知道，貝芙，我不知道。

貝芙：不可能有任何其他原因了。

照顧孩子的有效策略

爸爸：對你來說，這看起來是唯一的可能性。

貝芙：是呀！我很希望可以明確的知道為什麼她會選她。這樣一來，也許我就可以把它忘掉。

爸爸：我可以了解那會比較容易，特別是如果她的理由對你而言是合理且公平的。我可以了解。

貝芙：這會比較容易。

爸爸：如果你真的永遠都不知道原因，你會如何呢？

貝芙：我不知道，爸。我很喜歡傑克遜太太。

爸爸：啊！那就更複雜……更混亂了。

貝芙：是的，爸，真的是這樣。

爸爸：貝芙，看起來你真的正在掙扎當中，想要弄清楚的同時，還要處理你有多失望沒有得到的部分。你真的有很多需要去面對的。

貝芙：是呀，真的很難。

爸爸：真的，你正在面對，並且在掙扎中。你呈現了你有多大的力量，貝芙。

貝芙：可是它還是在干擾我，爸。

爸爸：我知道，我知道。

　　如果貝芙的爸爸嘗試去幫助她，用特殊的行動計畫去解決她的問題，貝芙很可能就不會繼續說下去，也不會覺得爸爸是在支持她處理所發生事件的強烈情緒。在這例子中，也沒有什麼建議可以給的，任何的提議也不會讓貝芙轉移不去對這狀況做出處理。她只是需要有人跟她在一起、沒有批判、不要提供解決方法，或是生氣。

108

帶有愛的 PACE

愛被視為親子關係最基本的特徵。沒有愛，在親子互動背後的基本意圖就變得含糊不清，而關係也會陷入無法維持的危機中。有了愛，互動最基本的意圖便顯得明顯可見，也帶來關係的穩定，同時也為衝突和分離帶來保護和修復。最初，當我在說「態度」時，我用了字首縮寫為 "PLACE" 的字，把愛也放在其他四個特徵中，而現在我看到愛是整體關係的根本，所以我將它獨立出來。

為了達成上述的目的，我們可以簡單的說，愛是由承諾和樂趣所構成。承諾是不管好或壞、容易或困難時，都持續維持著。它傳達了信心和信任，不管發生了什麼事，照顧者都會持續給他們的孩子承諾。無論任何時候，當孩子需要他們時，照顧者隨時都在，不僅心思敏銳，且給予適當的反應。當有需要的時候，照顧者會跟孩子修復關係。而當照顧者彼此離異，結束他們的婚姻時，他們對孩子的愛並不因此而結束。這樣孩子才會信任照顧者、感到安全，和知道他們所做的決定是基於孩子的最佳利益。

如果照顧者經常用不理睬孩子的方式來管教，他們的孩子會對照顧者的承諾出現懷疑，從而對照顧者有不安全的依附，而且也會置他於各種發展問題的危機中。如果照顧者的生氣是指向他這個人——而不是他的行為，就很容易增加懷疑。如果照顧者偶爾用遺棄和拒絕來威脅孩子，他的懷疑就更大量，而他的發展危機就更大。任何對偏差行為有短暫益處的這種反應，很容易造成長期的損害。任何帶來短暫益處的做法，會在關係上以及孩子一致的自我發展和正向的自我感部分，付出更多的代價。

透過從無條件永恆的承諾所提供的安全感，照顧者讓孩子不必

為了要持續測試關係，而去做一些反抗的行為。這樣的安全感不會降低孩子想要做好事或壞事的動機。而是當關係被經驗到是安全和永久的，孩子便比較容易開放和持續地模仿他們的照顧者的內在世界和行為。很多時候，他們會渴望像他們的照顧者，而且希望照顧者能為他們的生活方式和所做的決定感到印象深刻。透過從承諾來的安全感，孩子比較能準備好在某一天去發展自我信賴的技能。同時，孩子也不容易成為天使。有了安全感，孩子才會知道他自己的興趣、想法和情緒是有價值的，就算他的照顧者的看法跟他不同，他也能維護自己的觀點。他知道當他的照顧者質疑或是限制他的行為時，他的想法還是有價值的，也不會有關係決裂的危機。有了無條件的承諾，溫和及中等強度的歧異和衝突還是會來來去去，但危及關係的嚴重衝突就不容易出現了。

互惠的樂趣搭配著承諾帶來生活中的愛，而且讓愛有更深的意義和滿足。有了樂趣，孩子發現承諾不是職責、照顧者的工作，或是責任感，而是反思到一個事實，他的照顧者是真的喜歡他——深深地喜歡他，而且願意跟他一起做事、跟他一起分享和發展經驗，而且獲知他是他們的獨特孩子。有了樂趣，孩子會真實地體驗到他的照顧者覺得他是令人愉快的、可愛的和獨特的。當他的照顧者喜歡孩子做他自己時，孩子才能夠更容易地發現自己正向的特質。

有了承諾，照顧者對孩子的需要會有敏銳的反應。有了樂趣，照顧者會跟孩子共同開創事情。他們想要跟孩子在一起，部分是因為跟他在一起是一種享受。很快地，這成為了首要的互惠過程；當照顧者喜歡跟孩子在一起時，孩子也會喜歡跟他們在一起。這樂趣的特質真實地協助孩子經驗到相互作用；相互的樂趣也賦予孩子力量去體驗自己正向的特質，他有力量去引出照顧者內在正向的反應，他的某些事情引發照顧者的這些反應。沒有樂趣，孩子就會處在一

種自己不是夠特別，所以無法讓照顧者微笑或大笑或想要跟他在一起的危機中。他進入房子，可是照顧者的臉孔沒有較為高興的反應，她的聲調是死氣沉沉的。沒有樂趣——當日常生活體驗都是如此時，就足以讓它變得像真的一樣，像每天都會是如此一樣，因為承諾，所以愛的維持是很重要的，但現在它變得空洞且無法再轉化。

很清楚地，照顧者無法一直開開心心地和孩子在一起——像她對他的承諾一般。隨著孩子一連串特殊的挑釁或是反抗的行為之後，大部分照顧者很容易有一陣子不喜歡跟孩子有任何互動。其他時候，基於完全是跟孩子無關的原因，照顧者也會不喜歡跟孩子在一起——也包括任何人或任何事。照顧者也許變得憂鬱，或被責任所淹沒，或是被其他事所占據。那些時候，互惠樂趣是不容易存在的。當那只是關係裡的很小部分、當照顧者可以為此提出原因，和當孩子有理由相信那樣的缺乏只是短暫的——在這種時刻出現時，孩子需要知道的是：照顧者會回應出相互樂趣的承諾。照顧者不滿意——但也不放棄——疏離關係，以及只是責任而不是樂趣的來源的狀態。照顧者示範著一種態度：孩子對她而言是重要的，且承諾盡可能做出互惠樂趣的回應。

例如，在晚餐以後，山姆的爸爸經常會跟他一起打撞球。有一晚，山姆要求爸爸玩，但被他拒絕。

山姆：嘿，爹地，打一局，如何？

爹地：山姆，今天晚上不要了。

山姆：哎呀，爹地，來一次嘛！

爹地：我說不了。明天吧！（有一點生氣孩子再次的要求）

山姆：（很明顯的感到失望地走開。）

爹地：山姆，來一下。我很抱歉罵了你。那跟你沒有關係

的。詹森先生今天晚上給了我一些工作要去完成，所以我得專心完成。我真的對他很生氣，而不是對你。抱歉我拿你來出氣。

山姆：所以你有功課要做！（大笑）

爹地：你可以這樣說。

山姆：很抱歉，爹地。所以你要完成你的功課之後，才可以打撞球嘍！（大笑）

爹地：只玩一局？（大笑）

山姆：不可以，直到你完成功課才可以。

　　概括地說，PACE 是父母教養態度的特色，在親子關係中，它創造了安全和親密的感情、開放和愉悅的氣氛；它提供了為任何衝突或是行為問題找到更容易的解決方式的脈絡；它給予了一種平衡，不論是在快樂或壓力的狀況下，情感及反映情感的能力是做回應時最重要的要件。最重要的，它讓照顧者看到孩子這個人遠超過任何挑釁或是讓人煩惱的行為，並且在她的腦海裡和心裡深深地烙印著孩子。因為互為主體的法力，混合著愛，PACE 真的可以讓照顧者和孩子雙方的關係轉化。

CHAPTER

6

溝通

　　我們與家人溝通的能力在個人發展與家庭關係間扮演著核心的角色。孩子與照顧者的溝通能力可助長他的安全感，以及能夠學習、合作、被了解與了解他人。溝通讓孩子得以影響別人，也被別人影響；讓孩子覺察到自己的內在世界，包括想法、感受、期待與意圖，同時也了解別人的。即使嬰兒無法運用言語來溝通，但早在生命的第一個月時，這些技巧就迅速發展著。嬰兒確實會溝通，而且他迫切地需要有人與他溝通。

　　由於成人無法用言語和嬰兒溝通，我們傾向於用誇張的非語言表達方式來凸顯我們的想法、情感與意向。我們和嬰兒說話時，也就具有一種獨特的嬰兒導向的、牙牙學語的方式。這種溝通的特色是重複字句，創造出緩慢改變的、循環性的抒情（narratives of emotion）語式（Aitken & Trevarthen, 2001, p. 8）。這種「抒情性」是我們與嬰兒交互溝通時的核心特質。當我們融入嬰兒每一次心跳的悸動與能量韻律時，他都感受到我們能了解他的經驗，同時也共同創

造經驗。若沒有照顧者的參與，這種經驗本身及其意義將會大大不同。隨著孩子逐漸成熟，這些循環的敘事將逐漸具有反思的品質與回憶，但若要萌芽自嬰兒期的自我感能更發展成形，則仍有待親子間共享的情感以促成其深化。

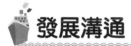 發展溝通

親子間的對話模式會隨著兒童成熟而逐漸發展，以下建議數種可促進提升兒童對成人依附品質的溝通方式。

❥ 非語言溝通 ❧

人們往往因為太注重口語溝通，而忽略了非語言溝通才是關係與生活的核心。非語言是如此普遍可見，以至於我們反而視而不見。有時候我們相信得靠語言才能影響孩子，因為我們懂得較多，所以多半以說道理的方式呈現。當孩子回以大人想聽的話時，我們認為他們懂了，也同意採納我們的建議，因而認為自己成功地影響他們了；即使有時我們懷疑這種溝通不夠，也不知道還要增加些什麼，或者除了講道理還能做什麼而更能影響孩子。所以我們繼續講道理，即使每一次的效果都比上一次差。

溝通的非語言層面——眼神接觸、臉部表情、音調與節奏、繪聲繪影與不斷改變的姿勢——比語言溝通的內容傳達更多訊息，它們比言語更能透露我們的核心思想、感受與意圖。當語言與非語言訊息不一致時，往往靠非語言拍板定案。當夥伴抬高音調說：「我沒有生氣！」我們的結論多半是她的確在生氣，只是因某些理由不想承認罷了。

溝通的非語言層面傳達了我們內在世界的細微差異，將無法言說的難過、困惑或興奮的獨特本質傳達出來，所以非語言反應比語言更能精確地掌握他人的內在世界。當我們運用非語言表達自己的內在世界時，也比較能傳達出了解或被了解的感受。

言語本身一旦被寫下，尤其是透過電子郵件，往往是模糊的、易滋生誤解的。若要清楚溝通意圖，非語言的元素是很重要的。請想想看以下幾句話的含義，是否會因強調的音節不同而有不同：

● 「我沒說你很笨。」（但是別人這麼說。）
● 「我沒說你很笨。」（但是我這麼想。）
● 「我沒說你很笨。」（但是我覺得你的朋友很笨。）
● 「我沒說你很笨。」（但我說的是你是傻瓜。）

同樣地，當主要照顧者生氣地吼叫「你為什麼這麼做」時，和主要照顧者以開放、好奇及不批評的方式說「你為什麼這麼做」，孩子的反應一定不同。主要照顧者的情感狀態、意圖，以及對孩子動機的假設，大都是從非語言元素透露出來的。主要照顧者常被提醒，和孩子講話時不要問為什麼，但其實為什麼這個詞並不會傳達不好的意涵，問題來自當主要照顧者的非語言表達出惱怒，以及她期待並堅持孩子真的知道為什麼，而且也一定要告訴她。

當我們的口語表達帶著如歌的旋律品質時，往往較能維持聽者的注意力，也傳遞一種放鬆的情緒基調；這種彷若說故事的元素也比較能抓住聽者的注意力、營造出興趣、引導聽者的情感找到出口，同時傳達了聽者與被討論者的意圖。這種說故事般的音調邀請聽者主動參與故事，以有意義的方式參與共創故事。好幾世紀以來，說故事就是教導孩子了解自己與大社會的重要方法，也在照顧者與嬰兒的溝通中加入其文化中的成員持續共享的形式。

由於我們的文化很強調兒童的推理思考與問題解決的能力，照

顧者自然越發想透過教育使孩子具備這些技巧。這種教育聚焦於對孩子講道理，讓他們知道對錯是非，也期待他們能了解與同意。

　　如果我們想呈現客觀的事實，例如地心引力的本質，用講道理的方式或許滿好的——即使仍有人可以輕易地反駁這種說法，但在談論包括個人情感與社會生活的主觀事實時，效果可就很明顯地不如說故事了。當我們聚焦在服從與客觀知識時，我們看到孩子同意大人的說法就很滿意，卻忽略了事實上孩子可能只是想快快結束大人的說教了事，或者雖然孩子真的完全服從大人的想法與意圖，付出的代價卻是沒有自己的想法與意圖。說教其實是告訴孩子服從權威就好，而不是幫他發展出對議題或事件有自己的做法。服從的缺點是效果往往不能持續，即使持續也往往是不分青紅皂白地一體適用，如此一來，孩子只要是權威的話就聽，但卻不一定能符合其最佳利益。總之，照顧者宜培養孩子具備判斷某個人或某情境優劣的能力，並協助孩子整合——而非複製——大人的與他自己的價值觀。

　　說故事的音調同時傳遞接納聽者的態度，而非評價或批判。接納可以鼓勵非防衛的反應，其背後意涵是聽的人不會被威脅或批評。說者一邊傳達自己的經驗，同時也有興趣了解聽者的經驗。接著，聽者能感受到開放、非批判的音調，並投入於溝通之中。當說者與聽者皆能於對話中貢獻自己的經驗時，對話於焉展開。在說故事時，即使有的話語都來自說故事的人，但非語言溝通絕對是相互交流的，從這個層面來說，聽者對故事的發展是有其影響力的。

　　與兒童溝通意味著兒童要能投入對話、一起說故事——事實上，在以依附為焦點來教養孩子的過程中，大多數時候都是如此。這些對話聚焦於分享我們的情感狀態、對共同興趣的關注，以及對彼此的期待與意圖。這種對話傳遞了彼此的關係立基於雙向對話、彼此互相了解、雙方都體驗到給予以及獲得同理的歷程。這種雙向交流

不但不會弱化照顧者的權威,反而會強化之。當關係是以相互了解與同理為基礎時,孩子信任此關係,才能更充分地接受並尊重照顧者的權威。他們知道照顧者豐富的人生經驗,能提供在特定情境下什麼是最佳反應的合理看法;同樣地,孩子因著安全依附而了解照顧者的引導是基於對孩子的最佳利益。

非語言的溝通聚焦在行為或事件的經驗,而非單單看所謂的事實。非語言能傳達對他人經驗的興趣、接納與同理;非語言也可能傳達我們對他人經驗的批評、負面假設與評價。面對前者,孩子可以無畏於自我被攻擊地討論行為及其結果,可以無懼於關係受損地學習;面對後者,孩子很可能會覺得自我被攻擊、關係受損;在此狀況下,要想有所學習難如登天。

有時,照顧者會以嚴厲、批判的音調來管教孩子,這種音調會立刻製造緊張感,使孩子進入防衛的位置。不論照顧者說了多少次「我喜歡你,我只是不喜歡你的行為」,孩子大都仍會回應音調而非話語內容。更放鬆的、實事求是的音調,比較能讓孩子信服大人的批評論斷真的只針對行為。

❧ 語言溝通 ❧

在強調非語言是溝通的必要基礎的同時,我們也不能忘記語言元素的重要性。話語能傳遞非語言無法表現的意涵,能讓照顧者與孩子超越此時此刻、追溯回憶、計畫未來、推演事件、衍生信念與價值。話語能協助照顧者與孩子澄清意圖、避免誤解,也是了解採取某種行為、擁有某種想法或經歷某種情緒背後原因時所必需的。

隨著孩子逐漸成熟,他們從一開始的少量的表達字彙,很快發展出不小的字彙語庫。當他能流利地運用語言時,他當然能更清楚

明白地表達自己的內在世界。然而，除了與照顧者對話之外，孩子也開始對自己的內在自言自語。他以言語幫自己了解模糊的傾向、感官與情感狀態、恐懼的根源、興趣、詳細的慾望和計畫。常常無言以對的孩子，也比較無法了解自己，較缺乏對個人期待、想法與感受的覺察；他也會有較低的權能感，較無法組織與調節自己的想法、情緒與意圖。

　　當然，孩子發展語言溝通能力的誘因是要和照顧者溝通，但帶來的好處卻遠超過當初的預期。依附安全可以促進孩子溝通的慾望，也大大提升成功的可能性。透過照顧者主動對孩子的內在世界感到興趣，促進了孩子對自己的興趣。由於成人有興趣，同時也具備流利的口語能力，通常可以對孩子的非語言表達賦予意義。他們也常常描述孩子正在做什麼、正在找尋什麼、看來想做什麼，以及他對此刻情境的感受看起來像是什麼樣子。透過和孩子閒聊這些他所表達出來的，照顧者提供了與自己對話、了解自己正在做什麼的工具，這種技巧將可以持續一生受用不盡。

　　這種照顧者與年幼兒童之間的口語溝通的核心本質，是單純的分享、享受彼此的陪伴、溝通彼此的興趣，而且多半不是出自於評價、控制、批判或教育的動機。當後者定期出現時——所占的時間絕對是少量的，自有其價值，而孩子也多半傾向於相當能接受照顧者的貢獻。然而，當後者占據照顧者談話的多數比例時，往往降低溝通的頻率。

　　多數照顧者有經常與孩子溝通其行為的習慣。即使照顧者說的是正向的話語，例如：「好孩子」、「做得好」、「坐得很端正」等等，仍掩蓋不了背後的禁止意味。只要評價的感覺持續，孩子總無法如同在接納的、彼此享受的氛圍裡一樣安心地與照顧者溝通；相對地，在接納氛圍中的孩子不擔憂自己對或錯、好或壞，而可以

放鬆並享受與照顧者的互動，他們只要當自己就夠了，而不必去在意他人的評價、擔憂無法得到他人讚賞。沒有人可以自在地處於一個持續被評價的關係裡，即使得到的評價大多數是正向的也一樣。多數人在單純地做自己就能被接納時，才是最自在的。

🦋 交互溝通 🦋

　　許多時候，照顧者與孩子的溝通往往是單向的，說的多半是照顧者，聽的多半是孩子。在這種「對話」裡，照顧者扮演的角色是忠告者、指導者或糾察隊，而孩子的角色是聆聽者、了解者與服從者。照顧者多先自行決定什麼對孩子是最好的，再將決定結果告知孩子，而不是先問問孩子的觀點（包括想法、感受與期待）。願意花力氣先去了解並整合孩子的觀點到決定中的例子如鳳毛麟角，與孩子共同決定者更是付之闕如。

　　最有效的溝通包括彼此對話。各方的想法、感受與期待都能被對方聽見與被了解，能一起衍生共識為最佳。雙方都能對他人的內在世界產生影響，在決定什麼是雙方的最佳利益時，彼此的觀點都很重要。即使最後雙方無共識，仍必須由照顧者做決定時，只要孩子覺得自己的觀點曾經被慎重考量過，他接受最後結果的可能性就會增加。當他能確定照顧者了解並接受自己的期待時，他會更願意接受有違自己本意的決定。

　　在這種交互的氛圍裡（例如雙方同時都是傾訴者與聆聽者），對話才是有效的，才能避免衝突惡化、促進合作。無論如何，有效的溝通必須具備真正的相互性。照顧者不能只是做做樣子似地問孩子問題，卻不去聽他所說出的想法、感受與意圖，她得同時開放地接受被孩子的評論影響。如果孩子感覺到自己所說的不是真的被聽

進去了，那麼對話多半只會讓張力更形緊繃。若照顧者的非語言表達能清楚傳達出真誠的努力，孩子會比較願意投降以形成共識。聆聽並不意味著同意，但聆聽的確需要準備好開放自己去接受對方的說辭。

同時包含說與聽的對話，在促進孩子心智發展上扮演了更重要的角色。如同第八章所討論的，兒童的反思功能包括能夠一邊覺察自己的想法、感受與意圖，同時也覺察別人的，如此，孩子才能持續覺察到同一客體或事件的不同觀點，也才能從中選擇在特定情境下可能的最佳反應，亦即展現了反應的彈性。

透過此技巧，孩子才能發展出一種對情境觀照（mindful）應對的傾向，目的在找到最佳反應以取代衝動的或強迫性的反應。透過後退一步、讓自己的觀點成形，他能夠限制自己的第一反應、衡量各個觀點的輕重——包括照顧者的觀點，並以深思熟慮的態度來應對。相互對話能促進這種觀照的取向，即使照顧者不在現場，也能於孩子內心持續運作。

當照顧者以唯一真理般的姿態說明自己的觀點並下達指令時，很難培養出孩子在無人陪伴下自行發展出有意義的、觀照決策的能力，也會讓孩子更沒有心思去考量他人的觀點，或在做決定前考慮自己的行為會對他人造成什麼影響。

交流的對話總是整合情感與反思兩種元素。這兩種元素在個人的生活與關係中時時刻刻與我們的經驗同在，並概略地反應到情緒與想法、語言與非語言的表達中。反思部分呈現的是一般性的主題，而情感部分則帶出個人在特定情境下所體驗到的主題獨特性；反思面向引出較抽離的觀點，情感則賦予溝通經驗時的立即性。情感與反思兩者合一，可讓個人從經驗中找到意義，賦予其在個人生命史中的位置。這些元素分別會在下兩章中詳加討論。

　　若照顧者要促進這種交流的對話，必須自己先具備安全感。當孩子質疑她的權威時，如果她自己不安全，很可能就會變得生氣並堅持要孩子服從。若孩子不同意她的內在世界的某些面向，但她卻深信只能有一方是對的，而對方一定是錯的，那麼她很可能會批判孩子的觀點。如果與孩子的互動讓她聯想起自己的父母，或勾起當年她與父母溝通卻被批評的回憶，她很可能重演當年自己與父母互動的態度。

　　如同我們一再指出的，溝通包括語言與非語言元素，但有時兩者並不一致。孩子可能會說他覺得開心，但他的表情卻透露出些微的惱怒；他可能嘴巴上說有興趣也願意如何如何，但他的聲音、呼吸頻率或姿勢卻顯示出他覺得無聊、耐心即將用罄。當語言與非語言不平衡時，聰明的照顧者會知道要保持警戒。透過非評斷或批判式的評論──雖然他剛剛答應要做某件事，但他的表情好像在暗示說他實在不想做，照顧者可以邀請孩子更完整地表達自己的內在世界。她展現對孩子的所有想法與情緒的興趣，而非只想聽到自己想聽的。這種邀請通常可以引導出一連串的話語，包括孩子為什麼不想讓照顧者看到自己的期望。

　　在評論非語言層面時，照顧者要傳達出不論非語言的意思是什麼她都能接受，因為在理想上，這種態度反映了照顧者不會用對錯來衡量孩子的內在世界。如果孩子因為惱怒的表情被批判，他可能會變得更神祕兮兮，較不願意與照顧者開放地分享自己。尤其對正處於個體化時期的青少年來說，更會因為這樣的批評而平添不必要的親子距離。

對話祕訣

照顧者可將以下有益於對話品質的祕密牢記於心。照顧者必須：

1. 至少要能間接傳達出自己對關係的潛在承諾。
2. 展現出她有興趣完整了解孩子，而非只想知道其行為。
3. 顯示出——但不要說教——孩子行為的原因對大人來說是重要的。當然，這並不表示原因可以成為藉口。
4. 傳達其對孩子內在世界的了解。
5. 傳達她享受孩子的陪伴與對孩子的喜愛。
6. 發掘孩子行為下隱藏的內在力量與脆弱。
7. 向孩子顯現出自己的意圖是要促進孩子的最佳利益。
8. 傳達對孩子挫折的同理，包括因自己的管教而引發的任何挫折。
9. 確保管教不會危及開放對話的模式。
10. 向孩子展現衝突並不會危及她對孩子的存在價值與關係的看法。
11. 發掘對特定情境的最佳回應方式。
12. 發掘孩子的獨特性，並重新經驗自己對孩子的愛。

修復的對話

當對話一開始就遭遇困難時，以下建議或可促成有效的對話：

1. 停止說教。當你注意到自己在對孩子說教時，請暫停，看看自己在做什麼，改變音調，並邀請孩子說說他對此事件的看法。

2. 暫停。當你注意到自己或孩子正處於強烈的情緒，對話因而
   難以繼續下去時，成人可以先反思自己的情緒，並告訴孩子
   他們兩人都需要先暫停，等彼此都能聽聽對方的觀點時再來
   談。

3. 以「我」而非「你」開頭。當對話踢到鐵板時，照顧者可練
   習運用「我訊息」，聚焦於行為及照顧者關切此行為的原因。
   在「我訊息」的意涵中，照顧者一開始就要清楚地表達自己
   怎麼想、如何感受及其原因。例如：

   ● 我很氣你欺負我們的狗，我要她得到和家裡所有成員一樣
     的尊重。

   ● 我覺得這個週末不去海邊而去幫祖母是很重要的。她不會
     自己開口，但我知道她需要幫助。

   ● 我想要在出門逛購物中心之前，將廚房打掃得乾淨又明亮。
     如果你可以幫忙，我們就可以早點出發。

   這種說法可以讓照顧者的內在世界更明明白白，也給孩子機
   會去反思自己的。

4. 練習好奇。回想好奇但不評斷的重要性。對於不是被如此教
   養長大的照顧者來說，多練習以養成新習慣更重要。對於孩
   子的想法、感受與行為好奇，但不要評斷他。

5. 重新發掘孩子的正面。當照顧者發現自己近來和孩子的對話
   總是與衝突和問題有關時，她可以聚焦在孩子的興趣和優勢，
   並帶到相關話題或其他正向的主題。

對話的阻礙

當然，即使親子正處於共融互惠的狀態中，有時有些孩子也不

樂意參與對話。照顧者可能同意修復的對話有其價值，但卻不認為這是可能達成的，因為他們的孩子是防衛的、口語攻擊的，或拒絕照顧者相互對話溝通的邀請。一位母親可能想開放表達其接納、好奇與同理，但她的孩子卻不肯合作促成美事。以下的例子呈現了一位爸爸努力要探索兒子為何偷姐姐的錢，但兒子卻不肯說。一開始，爸爸想探索兒子的內在世界如何導致其偷錢，但兒子拒絕討論，爸爸很可能因此覺得自己別無選擇只好處罰兒子，即使他仍不知道究竟是什麼導致兒子的行為。

在放棄這種溝通型態之前，爸爸或許可以先反思自己以往的溝通方式是否等於說教與評價，若是，他可以先向孩子承認這點，表明他知道以前的溝通對孩子來說並不好受，以及自己未來想用不同的溝通方式。他可以承認這對兩人來說都很陌生，因此他希望兩人都可以對自己、對對方多點耐心。

即使爸爸已保證孩子不會因為他的想法、感受或要求而被批評，但這些討論仍沒有帶動孩子更投入的話，或許爸爸要更聚焦在孩子對溝通的無意願。如果他能以接納、好奇與同理帶領孩子探索，孩子也許可以更投入。對孩子來說，談為什麼他不想談偷姐姐的錢，可能比談為什麼偷錢本身來得更容易。

爸爸：嘿，泰德，請你幫個忙，告訴我為什麼你要偷姐姐的錢。

泰德：不要！

爸爸：幫我了解一下，泰德，這不像你會做的事。

泰德：我不想談這件事！

爸爸：你昨天說過了，所以我想該給我們一些時間去想想。但我還是想不出來為什麼。你可以幫幫我嗎？

泰德：不！

爸爸：怎麼回事，泰德？為什麼你不想和我談？

泰德：就是不要！

爸爸：看得出來。這是怎麼回事？

泰德：我就是不要跟你說話！

爸爸：看來你現在覺得和我一點也不親近！通常你會願意
幫我了解你心裡發生了什麼事。

泰德：我現在不想。

爸爸：所以你現在真的覺得和我一點也不親近？

泰德：對，我不覺得！

爸爸：我很抱歉，泰德，即使我們意見不同，我仍想和你
靠近……可以談談並且試著了解怎麼回事。

泰德：我不要！

爸爸：因為……

泰德：因為你從不聽我說的話！

爸爸：哇！難怪你不想和我談，似乎你覺得我從不聽你說
……如果真的是這樣，那麼談話就真的是白費工夫
了。

泰德：就是白費工夫。

爸爸：你好像不認為我可以聽你說，你是怎麼感覺到的？

泰德：就算我們談了，你也從來不會改變你的想法，你永
遠是對的！

爸爸：所以聽起來我從不接受你的觀點或改變我的想法，
從不！

泰德：如果你肯聽我的，我就不會去偷她的錢了！

爸爸：哇，我的天，現在我更不懂了。你偷姐姐錢的原因

和你認為我從不聽你的有關係，而且你因此不和我說話……更因為這樣，你覺得和我沒那麼要好……現在也不想和我靠近。這些真的超過我的理解能力了，泰德，幫我多了解一點吧。

泰德：反正你又不想聽！

爸爸：我正努力要聽懂你，我真的想！我想聽懂，但我真的沒有辦法了解。我聽到你說我不肯聽，你不想和我談，而且你偷姐姐的錢是因為你認為我不肯聽。幫忙我將這些事理出一個頭緒來吧，我需要你的幫忙。

泰德：我告訴過你這趟滑雪旅行對我有多重要！我告訴你了，但是你說我得自己存一半的錢，但是我存不到一半。

爸爸：所以……

泰德：我真的想去，但是你讓我失望了，所以我才偷她的錢，這樣我才有足夠的錢去參加！

爸爸：啊！你認為要是我有聽進去，就會幫你湊齊缺少的錢，你認為我根本沒聽懂這件事對你有多重要。

泰德：嗯，你就是不聽……要不然就是你不在乎。

爸爸：真的很抱歉，泰德。我懂了，你認為那就是為什麼我不肯給你錢，好像你對我來說沒那麼重要，所以我從沒好好聽你說，也不在乎你去不去。如果你認為我的理由是這樣，難怪你不肯和我談。

泰德：嗯，要不是這樣，那會是為什麼？

爸爸：我本來想，既然這件事對你很重要，你應該願意也能夠自己湊到一半的費用，但是你卻認為我不在

乎。也許這就是為什麼你沒有存到一半的費用。我
真的很訝異你做不到，但現在我懂了。我很遺憾，
兒子。

泰德：你遺憾什麼？

爸爸：我很遺憾我沒有更清楚地說出我的理由。我遺憾當
時沒有讓你知道，其實我能了解這件事對你多重
要，以及我很高興你能找我幫忙。我也遺憾沒問你
為何沒存到一半的錢，以及沒有清楚地讓你知道，
你對我有多特別。如果我曾這麼做，或許你就可以
了解我的理由，或者我們就可以早早來談這件事。

泰德：有時我真的不確定，爸，你到底怎麼看我的。

爸爸：我真的很抱歉，泰德。我真的很抱歉。從今以後我
會更確定、更明白地讓你知道。

經過這次對談後，泰德或許比較能接受談他偷姐姐錢的行為，
也可以對此行為負起責任。透過聚焦於溝通彼此的內在世界，包括
內在經驗對雙方的意義，爸爸能找出偷竊行為的核心議題，同時也
處理了偷竊問題——泰德最後並沒有去滑雪。

依附為焦點的對話

時值週六下午，6 歲的安與爸爸從後院嘻嘻哈哈地走進廚房，
他們剛花了兩小時在後院堆雪人、城堡和馬兒。他們都覺得既冷又
累、但是又開心。媽媽在門口遇上他們，幫著安脫衣服的同時，一
邊聽她活靈活現地搬演和爸爸的雪地冒險故事。當媽媽正準備著她
的午茶點心時，安決定要去找她住在一英里外的朋友蘇西。

照顧孩子的有效策略

　　對任何年幼的小朋友來說，要從興奮的活動轉換到安靜的活動，都可能具有情緒轉換上的挑戰性。為了要讓興奮持續，他們通常會變得瘋瘋顛顛的。轉換經驗本身往往是混亂的，彷若自由落體下墜瞬間的感覺，此時照顧者的最佳回應是扮演降落傘，幫孩子安全降落。安的要求反映了她的躁動情緒，以及對媽媽的回應的憤怒。媽媽透過相似的情緒狀態，而非安靜的、嚴峻的或惱怒的態度，傳達了想了解孩子內在世界的期望。因此，既然安是激動的，媽媽也是以很有活力的方式回應著。

> 安：我現在就要去看蘇西！我要去跟她說爸和我做了什麼！
>
> 媽：我想也是！你玩得這麼開心！你能在電話裡跟她說，現在去她家有點太晚嘍。
>
> 安：我就是要！
>
> 媽：我知道你想要，寶貝。你現在可以跟她在電話中講話，晚一點我們再來談明天什麼時候去找她。
>
> 安：不要，不要！我要今天就去看她！
>
> 媽：哇！看得出來你真的很想去。
>
> 安：讓我今天去嘛！
>
> 媽：看得出來你想去找她，寶貝！我知道你想去。
>
> 安：現在！現在就帶我去找她！
>
> 媽：哦，寶貝，你真的想去！我今天不帶你去找她，對你來說一定很難受！
>
> 安：現在！現在就帶我去！
>
> 媽：現在沒法去找她真的很難受！我說不可以對你來說也很難受！
>
> 安：為什麼我現在不能去找她？

媽：現在太晚了，寶貝，你又一直忙著和爸爸玩，一天下

來你玩得夠開心了，跑來跑去也跑得夠多了。

安：不夠！我要去找她！

媽：我知道你想，寶貝，我知道！

安：帶我去找她！

媽：今晚不行，寶貝，今晚不行。

安：為什麼你不行？

媽：我告訴過你了，寶貝，但你不想聽，對不對？

安：你好壞心！

媽：你現在真的很氣我。

安：你就是這麼壞，我快氣死了啦！

媽：我知道你會這麼想，寶貝！

安：你好壞！你就是壞！

媽：你真的真的很氣我！

安：你為什麼不帶我去？

媽：哦，寶貝，這對你來說真的很難受！我可以怎麼幫你

呢？

安：我不要你幫忙！不要管我！

媽：但是你現在很難過呀！我想幫忙！

安：你才不想幫忙！

媽：我想幫的，寶貝，我真的想！

安：你又不喜歡我！

媽：喔，寶貝，我很難過你現在有這種感覺。

安：你才沒有！

媽：如果你認為我不喜歡你的話，那對你來說一定更難受，

難受好幾倍！

安：我本來和爸爸玩得好開心的，都是你害的啦！

媽：你真的和爸爸玩得好開心哦，好快樂哦！

安：現在什麼都沒了啦！

媽：這樣想就更難過了，是不？好玩的都結束了！

安：就是！

媽：或者，我們可以一起窩在沙發上，用毛毯把我們倆包得緊緊的，然後我讀故事書給你聽，這樣會不會讓你覺得好一點？

安：沒有用的啦！

媽：那做什麼才有用，寶貝？

安：什麼都沒用！

媽：一點都沒用？那如果讓你來選故事呢？

安：我們可以讀那本北極熊媽媽找到不見的冰塊的故事嗎？

媽：如果那就是你想要的，我們就來讀呀！我很高興你選那本，因為我也很愛那本書呢。

安：我忘了冰塊是怎麼不見的了。

媽：我也是，真等不及要知道呢。

安：我們可不可以邊讀邊喝熱巧克力啊？

媽：我正希望你問呢！你和我想的一樣吔。

安：嗯，你是我媽呀。

媽：嗯，你是我女兒呢。

安：所以我們一樣喔。

媽：我很開心呢。

　　類似這樣的對話多半會導向相似的結果，因為親子間能達到情感調和、覺察共同的主題，以及相互溝通、了解與被了解的共同目

標，就能發展出一種交織互惠的情緒。照顧者必須聚焦於孩子的內在世界、參與其中，並逐漸邀請她進入兩人共同的焦點與活動。孩子原始意向是說服媽媽帶她去朋友家，遭拒絕後，她的意向轉為要改變媽媽的心意。媽媽如果要促成孩子與她有共同的意向，就要先認可孩子的意向，也就是說，在孩子因當天不能去見朋友而失望時，給予並接受安撫。

　　這樣的對話知易行難，因為照顧者自己小時候往往不是被如此的對待的。但只要願意練習並堅持下去，終究可以在關係中發生並預防衝突惡化、促進衝突之解決，衝突後的修復也可以變得更容易。在一整天的活動中，可以成功地促進活動之轉換，也可以引領親密與自主、情感與反思技巧的發展，讓各種因應技巧能在孩子的內在世界滋長，如繁花盛開。若這種性質的會談可成為親子關係的核心特質，將能讓關係發展到全新的境界。

照顧孩子的有效策略

情感連結

有安全依附的兒童比缺乏安全依附者更能展現健康的情緒發展。有安全感的孩子往往較懂得如何正確辨識自己與他人的內在情緒狀態,在情感調節與溝通上也表現較佳。習慣處於安全狀態的孩子會對自己的內在世界好奇,優游其中並充分體驗。透過主動參與,他在各類事件中都能深入而廣泛地經驗各種情緒反應。反之,無法與多種內在情感主題旋律與強度唱同一個調的孩子,內在往往也是貧乏的。

嬰兒對內在刺激(例如:胃痛)與外在刺激(例如:嘈雜的聲音或突兀的動作)的反應,往往是情緒性的、突然的、強烈的。在互為主體的經驗中,嬰兒的照顧者也同時經驗到相似強度的情感反應。照顧者往往在交互互動中也顯得很興奮,或是覺得很有趣。當情感反應強烈時,嬰兒無法靠自己一致地調節情感強度,因此其情緒仍停留在中等強度。中等的情緒經驗可以幫助嬰兒將興趣與意向維持在事件上,同時探索並發掘情緒的本質與質地。嬰兒需要照顧

照顧孩子的有效策略

者的協助，以避免落入毫無情緒或情緒失控的兩極狀態。

當照顧者能與嬰兒互為主體時，她能與孩子的情感調和。當媽媽能維持在情感調節的狀態時，孩子也就能與媽媽的情感狀態同在，持續投入並專注在相關的情感事件上。當孩子獨處時，他十之八九無法自行調節浮現的情緒，因而變得情緒失衡。他的行為會隨之顯得失序，也無法持續關注在經驗本身。唯有照顧者主動的、適配的情感同在（presence），他才能輕易地將自己的情緒反應整合到整體經驗中，而不是被情緒淹沒。

有時嬰兒能夠自行調節情緒，他們的做法是中斷導致情緒高漲的互動。我們常常可以看到，嬰兒投入於和照顧者的互為主體經驗時，他們還是會自行中場休息並看向別處。能調整頻道的照顧者會同時休息並安靜地等待，直到孩子再度投入互動。有時嬰兒會無法自行切斷讓他情緒激動的連結，例如：身體的痛苦、嘈雜或其他無法控制的外在刺激，或是被強烈的刺激嚇到時。不過，即使嬰兒能以轉開視線來關閉外在刺激，倘若照顧者能增加自己在互動中等待的能力、共同調節情感，也能促進孩子的情緒發展。因為孩子的專注度能在其中被強化，他投入互為主體的體驗也就增加了。

發展情緒力

當照顧者希望能增加孩子的情緒力時，以下建議請牢記在心。

❧ 記得保持同步 ❧

情感調和是互為主體、溝通與同理的核心，同時也影響所知覺到的安全感與接納，以及照顧者個人依附歷史對孩子的影響。情感

調和對於發展情緒力甚為重要。若沒有調節作用，嬰兒與幼童將很難學會如何調節自己的情緒與整體的情感狀態。透過調節，孩子才能開始辨認情緒，並以他人能了解的方式表達出來，而非徒然地製造出關係問題。

情緒力要透過無數次地調節各種情感狀態才得以發展。當孩子歡樂時，爸媽也要讓自己處於高亢的狀態，孩子才比較不會變得激動；當孩子激躁時，媽媽仍保持在歡樂的狀態，孩子就可以再次轉回歡樂的樣貌；當孩子興奮時，她表現出同等的關注和興奮，孩子就不會轉為狂暴；如果孩子正在狂暴中，她聚集能量並保持自信，孩子也會轉回興奮的狀態；孩子平靜時，媽媽的平靜能幫助孩子不至於落入百無聊賴；孩子百無聊賴時，她仍始終保持平靜與投入，則孩子終究會再度投入於關係中。

當孩子明顯處於情緒中時，照顧者可以和當下情緒的各種樣貌保持同步，如同對待一般的情感狀態一樣。當他生氣時，她能調整自己的節奏與強度，以配合他生氣的情感表達，不至於因為孩子生氣而自己也生氣了，於是孩子也能調整自己的內在情感，以及特定的憤怒感受。當孩子被嚇壞時，她能不被他嚇到，同時仍與他的激動情緒同步，於是孩子也不至於被恐懼拖下水，而落入情緒失調的地步。

麥可： 我討厭你！（很大聲很生氣）

媽媽： 我聽到了，麥可。現在你聽起來很氣我！（和他口
　　　　語表情的強度與節奏同步）

麥可： 我快被你氣瘋了！

媽媽： 真的地！

麥可： 你現在不讓我出去玩！

照顧孩子的有效策略

媽媽：對，現在我不肯，麥可。但是你真的很想出去！

麥可：我討厭你。（眼淚浮現，似乎有點難過）

媽媽：現在真的很難受哦，來吧，寶貝，讓我抱抱。

在這些交流中，麥可的媽媽既未出現也沒有表示出對兒子生氣的情緒，反而能以維持相配的情緒語調來回應孩子的憤怒。當她能如此反應時，孩子的情感狀態以及他的憤怒都獲得調節，於是怒氣也就很快降低了。假如她被激怒了，他的怒氣將會升高，或者可能轉為恐懼。假如媽媽平靜與理性地面對，他的怒氣可能會升高，而且最終可能仍無法靠自己來成功調節。

孩子會發展出對自己特定情緒狀態的覺察，接受它，並透過照顧者給予的字眼慢慢學會辨識它。安全依附孩子的照顧者大都能夠接受孩子的所有情緒，他們對於孩子的憤怒、恐懼與難過的接受度，跟對待興奮或歡娛一樣。

我們的情緒反映出個人投入內在世界不同面向的意義。當我們遇見老友時，可能感到開心；在運動場上表現良好時感到興奮；面對挑戰時會憂慮；朋友遠離去旅行時會難過。另有些情緒沒那麼容易辨識出原因，但內在仍一樣豐厚，例如：當我們看見雲霧冉冉自湖面升起時，我們經驗到愉悅；在寧靜的午後，無所事事安住家中時，我們處於全然的靜定祥和；完成每週待辦事項的各項雜務時，湧現一股成就感。

當孩子習慣性地缺乏情感調節時，他很可能無法自行調節任何特定的情緒，因此不僅是憤怒與恐懼一觸即發，興奮與快樂也會一發不可收拾。有些孩子可以對一般情緒有自我調節力，但對特定情緒經驗則無，他們可能在發展過程中經常接受照顧者的調和，但在某些特定情緒上則缺乏被調和的經驗。例如，有些照顧者或許能敏

銳覺察到孩子的快樂或悲傷情緒，但會被憤怒刺激而無法接納它。一般來說，當孩子所處環境經常無法給予調節時，他的情緒發展往往較那些有穩定情感調節經驗者更易受創，而後者往往只會在特定一兩種情緒中才會失調。

❧ 說出你真正的意思 ❧

互惠的情感要素較容易透過非語言傳遞，語言則較傾向於傳遞訊息。當話語否認非語言所表達的情緒時，孩子往往被置入一個無法辨識他人與自己情緒狀態的位置。接納我們自己的情緒並無所懼地對他人表達，可以催化自在感，並有助於自我整合。當情緒無法整合到思考與意向中，也無法一致地被表達時，往往也就無法被好好地處理。

對一位不想吐露個人心情的照顧者來說，她可能會很理性地說一件事，但她的音調與臉部表情背叛了她，她的孩子也很清楚知道她正在生氣，因而激發他自己的反應；她愈想遮掩自己的感受與想法，愈可能惡化孩子的焦慮。然而，我並不是建議要全然誠實地告訴孩子你的感覺是什麼。當照顧者自己的情緒很緊繃、很強烈時，這種誠實往往引發更大的情緒痛苦、破壞關係，並激起孩子的羞愧與憤怒的感受。面對這種艱難的誠實困境時，或者你想用理性的音調來掩蓋生氣的事實時，更好的回應或許是先暫停，直到成人自己恢復平靜，並能從較寬廣的觀點反思之後，才再次嘗試表達個人的內在世界。此時，她就能表達自己的想法而不至於傷害孩子，或讓孩子更困惑。或者更進一步地，當她發現自己頻頻需要暫停時，聰明的做法是先全面地去看孩子行為的哪個部分激發自己如此強烈的反應，同時也去觀照何以自己難以將人與事區隔開來。

對孩子的情緒表達保持開放

　　安全依附的孩子往往可以輕易地在有需要時找到照顧者，其照顧者也多半是敏感的、有回應的。照顧者的敏感包括能覺察到孩子的情緒與一般情感狀態，同時也對於如何回應孩子的行為最適宜保持覺察。當照顧者辨認並接納孩子的情緒時——不論何種情緒，她都能促進孩子的情感發展、與其內在世界溝通，也傳達了自己的內在世界。

謹記：依附關係是一種情感關係

　　依附關係要能提供孩子安全感，就必然得有深厚底蘊的關係，其中包含強烈的情感與情緒要素。依附關係會與以下這些感受相連結：愛與怒、樂與哀、安全與恐懼、興奮與哀傷、羞愧與自責、分享與嫉妒。依附關係是情緒力得以擴充深度與廣度的沃土，當與依附相關的各種情緒皆能自由抒發時，不僅情緒可以表達清楚與整合得較好，依附關係也能更形深入完整地發展，安全感也大大提升。當一個孩子需要限制自己所有的或特定的情感表達時，關係就被限定在某種範圍內，自發性變少了，也顯得較不確定。如此會產生的風險是，依附本身對孩子重要性降低，或是較無法成為他安全感的來源。

　　更深遠的影響是，存在於兩人親密關係中的情緒同樣也存在於個人的內在，當情緒表達在關係內得到歡迎與支持時，關係本質之定位較佳，比較自發，也比較令人滿意。雙方對彼此的開放度增加時，被對方了解的感覺增加了，也促進了安全感以及對世界的開放度。

發展對特定情緒的勝任力

當照顧者內在難以整合接納自我的某種情緒時,他們的孩子可能也會較難駕馭這類情緒。照顧者促進子女情緒發展的最佳方法,就是讓自己的情緒發展完備,當孩子向一位接納而投入的照顧者分享自己的正向情緒時,這些情緒可以發展得更豐饒;而當照顧者同樣允許孩子分享負向情緒時,則能讓情緒降低、甚至消失。以下我會詳加討論三種特定情緒在兒童發展中、在親子關係中的重要性與位置。但由於恐懼已在第二章中討論過,在此不再贅述。

❧ 生氣 ❧

生氣往往同時代表個人在情緒整體發展與親子關係上的困難。許多照顧者更不會允許孩子將怒火的矛頭對向大人(因認為太不尊重大人),也不能容忍對手足發作(因認為太不含蓄,或可能引發爭吵),甚至可能訴諸體罰。至於含蓄或適當表現的憤怒,會在以下有關憤怒管理與表達的章節中討論。憤怒與照顧者想要孩子維持的內在聲音(indoor voice)是不相配的,照顧者也經常混淆了憤怒情緒本身與憤怒的行為,自然也就無法協助孩子分辨這兩者。同時,照顧者常會在孩子生氣時將之隔離,認為如此可避免增強其情緒,但卻不會在孩子難過或害怕時這麼做。由這種大人處理生氣的態度不難想像,當孩子生氣時往往自己也會感到羞愧、無法好好調節,也不想學習如何適當表達,或修復因為怒氣而衍生的關係問題。

如此一來,孩子往往陷入兩種危機邊緣:若非變成小霸王(將過剩的憤怒不當地倒向別人),就是變成被霸凌的孩子(憤怒的能

量不夠，因他人的憤怒而失去調節）。自然而然地，這樣的孩子一旦成為照顧者之後，也會是不當地使用憤怒來管教自己小孩的高危險群。

照顧者可透過以下的方法來促進憤怒的調節與表達。

⊙ 示範情緒調節

照顧者需要先接納與了解自己的憤怒，才能適當地調節與表達。她可能得再探問自己過往的發怒經驗，試著將它正常化，以便分別憤怒情緒與發怒行為。如果她的孩子能輕易地讓她抓狂，她或許得探索此扣扳機效果的根源在哪，以及降低孩子對她情緒生活的控制力。當照顧者說「他這麼做只是想要讓我抓狂」時，他們往往是對的。在此情況下，最能有效降低他行為的方法，就是讓照顧者控制自己的怒火。不論孩子想激怒她的原因是什麼（例如，孩子會認為是大人先惹他不開心的，所以他也要讓她不高興；試探大人能否守住界限；試探她能否保護他的安全），當她情緒夠穩定、能夠自我調節時，就不會隨之起舞，孩子的行為也會隨之減少。

⊙ 簡要地表達憤怒

當照顧者對孩子的行為生氣時，她可能會快速地表達自己的憤怒，聚焦在行為上以說明她生氣的原因，並且能給孩子替代選擇，然後她可以盡快地修復關係。上述的過程必須簡單扼要，並採對事不對人的態度，而能做到如此的前提是，照顧者能控制自己的憤怒。大人表達憤怒愈簡要、能切中核心，並在事後盡快修復關係，將能確保孩子感受到她的憤怒是針對行為，而非針對個人。這樣的過程也能促進孩子對其行為體驗到有罪惡感（當有需要的時候），而非對個人覺得羞愧（請參考罪惡感與羞愧的段落）。

⊙ 適配其情緒

當孩子生氣時，照顧者透過配合其情感的非語言表現——同時仍維持自己的情感調節——就能促進孩子情緒的調節（例如，孩子說「你不公平！」時，她可以回應「我聽到了，兒子，我知道你覺得不公平！」），如此反而降低怒火累積的可能性。她傳達了自己能夠接受、好奇，更能夠對孩子的經驗感同身受，但仍能限制與此情緒相關的行為。在孩子感受到照顧者能了解自己的情緒強度之後，反而更能在她以更平靜的聲調談論他的挫敗時，降低自己表達憤怒的程度。

⊙ 接受孩子的憤怒

當孩子能誠實表達對照顧者的憤怒，而不會因此受到評價時，對他將有大大的好處。當孩子不能表達自己的怒火時，十之八九也會限制自己不去表達內在世界裡的其他情緒，如此往往反向強化其向一般青少年靠攏，而向主要照顧者隱藏自己的想法、情緒、意圖與信念。如果孩子不能透過表現自己有多生氣來傳達他的困擾，很可能就會用行為來表現他的不滿。照顧者當然有必要限制生氣時哪些話不能說，但希望他們仍允許有些話能說出來；同理可知，以臉部表情與音調傳達生氣也適用同樣的原則。照顧者最好重新想想，「孩子生氣就等於沒有禮貌（disrespectful）」這種說法是真的嗎？孩子擁有對主要照顧者直接表達憤怒的權力時，反而能與他們更靠近，更能輕易接受他們的權威，也比較不需要透過問題行為來表現自己有多生氣。

⊙接受差異

雖然相互了解與同意是關係良好的重要目標，但這往往只是理想，孩子可能仍堅持要求自己想要的，覺得不被了解，難以接受照顧者的決定。在這些狀況下，聰明的照顧者會全然接受孩子的憤怒，同時仍限制憤怒表達的方式。但若她想用說理的方式說服孩子不要生氣，結果只會更糟。孩子生氣不代表照顧者管教失敗，它往往只是隨管教而來的挫折的自然表現而已。但若孩子的生氣激發了大人的憤怒、懷疑或羞愧，照顧者將會試著去拯救孩子掙脫憤怒，或壓抑孩子的憤怒。照顧者只需要與孩子的情感表達適配，表達了解與接納，並仍維持清楚與堅定的管教立場，往往就能增進孩子的情緒發展。

❧ 罪惡感與羞愧 ❧

有鑑於專業助人者與主要照顧者已對羞愧與罪惡感賦予很多不同的意義，在此我要特別澄清這兩個名詞的意義。雖然，我們在生活中常將羞愧與罪惡感視為同義詞，但我採取 Tangney 和 Dearing（2002）的觀點，將兩者區分開來。

從兒童發展的角度來看，羞愧的發展早於罪惡感。羞愧導向自我，罪惡感則導向行為。羞愧感使人覺得自己很糟、沒有價值、不可愛或有許多缺陷；罪惡感則讓人感知到自己做錯事了——通常是對別人造成痛苦或挫折——或無法做到自己想做的事。既然羞愧與自我有關，而他又無法改變自己的內在核心，也就無法做些什麼來彌補，於是人可能會否認自己所做的（例如：說謊）、淡化、找藉口或責怪他人。當這些作為都無效時，他會惱羞成怒，反過來怪罪

「逼」他面對這些引發羞愧行為的人。而罪惡感連結的既然是行為，於是個人就可以改變了；即使有無法改變的負向結果，人也比較願意接受這樣的結果，甚至願意賠償或修復關係來尋求不同的結果。罪惡感帶動個人去看到他人，及自己的行為對別人的影響；羞愧感則讓個人聚焦於自我，以及如何淡化自己的行為對他人的負面影響。

在羞愧感測驗得分高的人通常難以同理他人，做錯事之後有高罪惡感的人則有高的同理能力。罪惡感在此與心理疾病無甚關聯，羞愧感則與許多困擾相關。過多的羞愧將阻礙罪惡感的發展，尤其在羞愧感發作的當下，個人更是無法接受自己行為的責任；將羞愧感調節到最小將有助於罪惡感的發展。

依此定義，當我們說「很有罪惡感」時，其實指的是羞愧感，當個人做錯事影響到別人時，罪惡感幫助他覺察到此影響，讓他想要去修復關係，並且避免未來再犯同樣的錯誤，接著罪惡感就消散了。罪惡感指向引發他人困擾的行為，也指向應如何導正，當這個任務完成後，罪惡感就會消逝。然而，羞愧感卻指向自我無法改善的缺陷，也就傾向於勾留、滲透，甚或以各種不健康的方式（說謊、責怪別人、找藉口、惱怒）表現出來。因此，我們要調節的焦點是羞愧感，而非罪惡感。以下是調節羞愧感的幾種方法。

⊙ 表達同理

當孩子表達羞愧（例如：我是笨蛋、我很壞、很自私）時，和他爭辯、安慰他「你不是」其實是沒有用的，多數在羞愧中的孩子（成人亦同）是不會相信別人的。事實上，多數羞愧中的孩子（既然覺得我很壞），傾向於想躲藏起來不被主要照顧者看到。孩子深信別人是因為還不夠了解他、是騙他的，或者是因為他的角色（主要照顧者）才這麼說。當孩子正經驗到羞愧時，體驗並表達對他的

143

同理往往是更有助益的反應，例如：

- 如果你認為自己很壞，那感覺一定很不好受。
- 看來你對自己真的很嚴厲。
- 要帶著這種感覺過日子，一定很辛苦。

這些評論讓孩子無從爭辯起，同時讓他們覺得被了解。這些評論可能會導向疑問（好奇）：他從什麼時候開始覺得自己很壞？曾有過他做錯事卻不覺得自己很壞的時候嗎？稍後，當孩子覺得有點被了解時，主要照顧者可以問他——或嘗試性地評論——照顧者感受到的他是什麼樣子，而這些和他自己經驗到的有何不同。

- 嗯，我不覺得你很壞。我認為你常常犯錯，但你並不壞。

如果孩子此刻能接受照顧者的回應，或許他能夠逐漸地再去思考自己的羞愧經驗。

⊙ 給孩子時間

當孩子做錯事時，一開始他的反應可能是生氣與羞愧，但只要他漸漸平靜下來，就比較可以討論，並接受自己行為的責任。然而，如果他覺得被逼到角落，同時預期主要照顧者會強烈批評或拒絕他時，他就會從羞愧中反應。當他覺得較安全、較平靜了，同時也信任主要照顧對其行為的反應時，他才能夠討論並接受自己行為的責任。要到他真的覺得夠安全時，才能讓他體驗到罪惡感，而不是羞愧感。堅持孩子要在錯誤行為發生後的第一時間就為自己辯護、解釋或道歉，往往愈會讓他從羞愧中反應，讓局勢更糟，從這次管教中學到的東西也會比較少。

⊙ 聚焦於行為

既然羞愧指向自我、罪惡指向行為，那麼要催生罪惡感而非羞

愧感的話，稍早曾提過的區分人與事的要點就很適用於此。這包括不要評價孩子行為的動機，不要假設我們知道孩子的動機，因為大人猜的往往都是負面的動機，只會引發孩子的防衛，或是大抵從羞愧衍生的反應。行為要被單獨討論。稍後才能以好奇與同理的態度，去探索孩子行為背後的內在世界。

⊙ 修復關係

不論主要照顧者多麼敏感細心，當主要照顧者糾正學步兒的行為時，他們往往經驗到羞愧。然而，年幼的孩子缺乏反思的能力，也無法規律地區辨自我與行為、覺察照顧者的意圖，更不用說看到自己的行為對他人的影響。在此情況下，照顧者常能出於直覺地、聰慧地立即修復與學步兒的關係。他們可以改變自己的情緒狀態，提供孩子安慰與支持，也許還會指導他改用較好的或新的活動。被如此對待的學步兒能經驗到與照顧者的安全關係，因而即使照顧者才剛對他說「不」引發其挫敗感，孩子通常還是會隨時轉向同一位照顧者尋求安撫。在羞愧獲得調節、發展持續進行之下，罪惡感變成引導行為的主要社會化情緒。

❧ 興奮 ❧

興奮是強烈的正向情緒，也是不易調節並轉換的情緒。由於它看來是正向的，因此人們會依循一般假設，認為孩子樂在其中，卻往往忽略它對孩子來說可能也會造成麻煩。「樂極生悲」（too much of a good thing）這句諺語恰恰適用於形容興奮情緒；許多假期、特別事件與驚喜是以笑聲與相互愉悅開場，卻在衝突、憤怒與受傷中收尾。照顧者一開始會因為自己能催化孩子的愉悅而自豪，結束時

卻覺得困惑，並痛恨孩子永遠不知足，或不懂得感謝大人為他們所做的。

興奮的調節和憤怒、羞愧的調節其實一樣重要。

當照顧者參與孩子的活動時，可以協助孩子調節其興奮，或至少能互為主體（intersubjectively）地同在其中。倘若照顧者能在情感上適配孩子的興奮狀態，孩子更可能在其中維持調節。倘若照顧者機動地跟隨著孩子的動態變化，孩子就比較不會過度激動或失去調節。當主要照顧者善用音調、臉部表情、手勢與動作來融入孩子的情緒時，孩子比較能跟著大人經驗到開心，並採借大人的調節情緒的能力。照顧者放任孩子在興奮中自生自滅時，反而會讓興奮一發不可收拾，因孩子終究無法自行調節。於是，當主要照顧者能在活動接近尾聲時仍保持調節，帶動孩子進入過渡性的、較不那麼刺激的活動的話，孩子反而更能夠跟著保持調節。即使照顧者並未參與前階段的活動，只要她能在轉換期保持與孩子的情感投契（enga-ged）——契合他的變化，帶動他進入較平靜的活動，孩子便可能成功地轉換。

在決定如何組織活動以調節興奮之前，照顧者必須回想並思考：孩子在成長過程中能成功調節的興奮量為何。照顧者可能要考量活動的性質、有哪些人參與、活動長度、最近活動的壓力或刺激程度、孩子是否疲倦，以及接下來會發生什麼事。

如果孩子一直難以處理興奮，照顧者可能要回顧一下孩子已經接受了多少刺激——孩子可能已經很習慣被過度刺激了。照顧者可以與孩子討論其所遭遇困難的模式，並探索可能的因應技巧，包括在興奮時接受照顧者指導、指示與限制的需要，同時仍維持自我調節與自我安撫的技巧。

情緒力的阻礙

以下討論兩種發展情緒力時的阻礙,並提供化解之道。

❖ 以對錯評價情緒 ❖

情緒就如同思考、意圖、願望、知覺與興趣,都是個人自我的面向之一。當情緒能被我們接受時就能被了解,以情緒來指引意圖、興趣,並提升個人洞察力的可能性就會增加。如果孩子對自己的情緒覺得羞愧或害怕,那麼他將無法了解情緒在自己生命中的核心位置;相反地,他會致力於趕跑情緒,或試著改變、隱藏情緒。當他如此努力抗拒自己內在世界的情緒,往往某種特定情緒反而會增生,直到他終於能覺察到此情緒在自己生命中的象徵意義。

情緒是以下項目的珍貴嚮導:

1. 對自己而言何者最重要

2. 某件事對他來說能否帶來最佳利益

3. 他個人是否安全

4. 與另一人關係的本質,包括對另一人內在世界的知覺

5. 他個人的利益與價值的本質

6. 他得讓別人了解哪些有關自己的內在世界

當他對個人情緒開放地接納,視之為了解個人內在的指引,而非以對錯觀之時,情緒更容易適當地發展、被指認、調節與表達。

❧ 當情緒與思考結合時，最能發揮功能 ❧

所謂情緒宣洩，尤其是只為表達而表達某種情緒時，其實是沒有太多價值的。如上所述，情緒是我們內在的絕佳指引。同時，我們的想法也同樣能發揮絕佳的指引功效。當兩者一起被經驗與表達時，可以是傳達個人內在世界的絕佳工具；單獨表達時能傳達的反而有限，不論大人或小孩，對自己的體會也是模糊的。

兒童常被鼓勵「用說的說出來」。能說代表孩子能反思個人體驗，並將之與特定字眼連結，幫助主要照顧者更了解他的經驗。當孩子挫折時，能用言語溝通他究竟有多挫折，將更能成功地引發成人建設性的反應，效果絕對比用尖叫或哭泣好太多了。

另一方面，當孩子能用說的說出來，卻被告知只能用平板的音調說，不能在口語上表現得太情緒性時，反而會對照顧者了解孩子挫折的特定性質礙手礙腳。透過語言表達的情緒音調，照顧者了解挫折的強度、立即性，甚至歷程，都能事半功倍。但這種壓抑情緒表現的「說出來」，不但無法透露內在經驗，反而傾向於將它密封起來。

有時照顧者會認為孩子的情緒音調不禮貌，因此會命令孩子：「你敢再這樣對我說話試試看！」很遺憾地，若限制特定情緒甚至是背景情緒狀態的表達，孩子表達出挫折中的特定經驗的可能性會更低。他比較會覺得不被照顧者了解，實際上也是。因此，與其限制孩子表達情緒時的非語言表現方式，不如限制他表達強烈情緒狀態時不能使用特定字眼。允許孩子生氣時能對照顧者直接說出來，但卻不讓他一致地表達語言和非語言訊息，反而可能製造溝通誤會、欺騙與逃避溝通。

 # 依附為焦點的對話

16 歲的蘇問爸爸她可不可以去考駕照，爸爸拒絕了，因為她沒達成先前兩人協議好的考前預備任務，蘇非常生氣。在盛怒中她罵爸爸自私，使得爸爸跟著短暫情緒失控、覺得受傷，也想在情緒上傷害她。憤怒指數不斷上升，危機一觸即發，兩人隨時都可能成為對方怒火的出口。若局面真的演變成如此，他們兩人之間的互為主體質地將蕩然無存，真實的溝通也會隨即消失。

蘇：但是每個人都有駕照了！

爸：那不是我的決定。

蘇：但是你也該從這件事學到什麼吧！你要知道，有時候你可能是錯的！

爸：我已經盡力了！

蘇：哼，顯然還不夠好！你就是這麼自私。

爸：夠了！你可以氣我，但是你不可以罵我。

蘇：你就是自私！你從不考慮別人，只想到你自己！

爸：什麼人自私了！看看現在誰在罵我自私！

蘇：你覺得我自私？多謝啦，爸！真是多謝！你就是這樣！你自私！

爸：誰先開始這麼罵人的？

蘇：你想要我說什麼？說「對，我就是自私」嗎？好啊，爸，我就是自私！你高興了嗎？

爸：沒有，我沒有因此覺得開心！……這真的是白費力氣。請停下來一會兒！停！我們兩人都得停下來！

照顧孩子的有效策略

蘇：對呀，對啦，你贏了，討論結束了啦！

爸：不是！（深呼吸一下，帶著煩惱的表情看著女兒）我沒有贏，蘇。我輸了。我說出你自私的時候我就輸了，我沒有當一個你所需要的爸爸，很抱歉。你傷害了我，所以我也想傷害你，這不是一位爸爸該對女兒做的。

蘇：我哪傷害你了？

爸：你說得對，蘇！我換個更好的方式說。你說我自私時，我覺得受傷。你只是誠實地說出你此刻對我的感覺，我剛剛不但沒這麼想，還把它當成對我的傷害，所以我想讓你也受傷。我想我真的傷到你了，很抱歉。

蘇：如果你不是真的這麼想，為什麼要這麼說？

爸：我想是因為我這麼努力要當個好爸爸，當你罵我自私時，我覺得我好像不是好爸爸，我讓你失望了。這讓我很受傷。所以我很氣你這麼說，我才會想讓你也受傷，好讓你知道我生氣了。

蘇：真是謝了！

爸：因此我很抱歉，蘇。我很難過我曾想傷害你，我也真的傷到你了。我很難過有那麼一下下，我忘了我是你爸……忘了你現在覺得很受傷是因為我不讓你考駕照……忘了你只是想讓我知道這件事對你有多重要……以及你只是想讓我改變心意。

蘇：它的確重要，爸！它真的很重要！你可以改變主意嗎？

爸：不，我不會，寶貝，我不會改變心意的。但是我們可以回到剛剛發生的事情，先停在這裡一下嗎？

蘇：你還要說什麼？

爸：我想知道，在我說我認為你自私之後，你現在的感覺

是什麼？

蘇：你確定你真的沒有認為我自私？

爸：我真的沒有這麼想。我知道你多麼為朋友著想，還有為你弟弟以及全家人著想。想想你為別人奉獻了那麼多，不，我不會說你自私。

蘇：好吧。

爸：我想你現在正要向我強力推銷你的想法。我認為你現在還在氣我，生氣也是你覺得我自私的原因之一。但我並不認為你自私。

蘇：好啦，爸，我現在沒事了。

爸：那現在換你幫我了解，你為什麼罵我自私。你這麼說是因為你認為在決定駕照這件事時，我只考慮到自己，而沒有考慮你嗎？

蘇：嗯，那時候我看到的就是這樣啊，爸。你看起來就像是毫不在乎這件事對我的重要性，也不在乎不讓我考駕照這件事有多傷我。

爸：好，我想我現在懂了。你覺得我自私是因為你感覺不到我在乎你的失望，或者在乎你有多想要駕照。更何況我還是不讓你去考。

蘇：嗯，你大概覺得我會忘了這件事，五分鐘以後又會快快樂樂的了。要不然就是你故意這麼想，這樣你就不必在意我有多煩惱。

爸：所以我真的讓你失望了。你以為你對我來說不重要。

蘇：我知道我是重要的，爸。但是我要告訴你什麼對我重要時，你沒有真的在聽。

爸：我沒有真的在聽，因為……？

蘇：不知道。因為你不在乎？你很自私？還是你沒有注意到我？

爸：不管你認為原因是什麼，都好像在說我對你，或者我們兩人之間，沒有你以為的那麼親，所以你受傷了。

蘇：我想是吧。

爸：如果你覺得聽來言之成理，我很抱歉。如果你這麼想，難怪你很難接受，不能考駕照只是其中的原因之一，你還對我們的關係失去信心，以及對於我是什樣的人失去信心。

蘇：沒那麼糟啦，爸。

爸：沒有哦？

蘇：沒啦。我只是真的很想有駕照……你偏偏說不行。我很氣你，覺得都是你害的，所以我也想傷你。

爸：你真的認為是因為這樣？我說不行傷了你，所以你用罵我自私來傷害我，接著我也罵你自私來打擊你？

蘇：嗯，我想是這樣。我很抱歉我傷了你，還罵你自私。你不是自私，你是個好爸爸。

爸：什麼讓你改變想法了？

蘇：我沒有改變想法，我一直認為你是個好爸爸，我只是氣瘋了。

爸：謝謝，寶貝，謝謝你告訴我。

蘇：不客氣，爸。我現在可以考駕照了嗎？

爸：如果我說好，我想我就不是個好爸爸了哦。

蘇：嗯，對啊！（大笑）好啦好啦，我會用功，下次考好一點啦。

反思

　　兒童天生就對內在與外在世界有著濃厚的、當下而立即的興趣。當他們覺得安全時，能讓照顧者或他人持續關注的世界也會強烈吸引著兒童，並成為他們開始創造自己獨特世界時的組織原則。

　　照顧者的世界是生理的、文化的與心理的世界。最能維持孩子興趣的，是照顧者如何體驗實質的世界——他們如何將實質的世界與文化的、心理的世界組織起來。孩子透過這些了解大人的行為，也透過體驗照顧者的經驗來認識這世界。他如何在家庭與社區中優游於心理與文化的世界，將深深地影響他未來能多滿足於自己的生活，以及對生活大小事勝任愉快的能力。

　　孩子要能探索自己的主觀經驗之前，必須發展出覺察自己與他人內在經驗的技巧；他必須能夠指認自己的情緒狀態，觀照到情緒如何來去，同時能管控自己情緒的調節；他要能描述自己的知覺，注意到自己的知覺與他人的差異；他要能覺察到自己對某件事的想法，自己行為背後的意圖，也可以偵測到他人的意圖。他既能覺察

153

到自己的內在世界，同時也能將其特性表達給他人了解。透過這種過程，他漸漸能覺察到過程發生了什麼，也就是說他將發展出反思的能力，這樣的能力會在他個人的未來發展上扮演關鍵角色。

孩子的行為逐漸成為冰山的一角。他主動地同化與調適著自己的世界，他的反應是既整合又有區別性的，既然環境對不同事件與客體來說，既有獨特處又兼具共同性，他與環境互動時也展現得宜的彈性——既不僵化也非混亂。他的行為是內在世界主動參與的結果，這個結果也透過對世界的影響，反過來促進了他內在世界的發展。

當反思能力缺席時，孩子只好以衝動的姿態來反應外在世界。由於缺乏情緒調節與認知的能力，他會以重複的或不可預測的方式回應許多情境，而非探索並發掘對特定情境的最佳回應。可想而知，他處理某情境的行為也不會太有效。若無反思，他多半無法從失敗學習，下次也就更可能冒著風險重複適應不良的回應。

透過外在獎懲處理行為本身時，往往沒能考慮到孩子的內在世界是否夠清晰、夠有組織到能產生適應性的行為。將行為硬撐起來而非在孩子的內在世界打下穩當的地基，短期內可能可以幫他管理問題，卻無法提供孩子管理未來各種挑戰與難題所需的技巧。

催化孩子的反思能力包括提供他豐厚情感與反思經驗的生活，這會需要生活中存在著反思的模範，而非僅只於教導孩子特定的認知能力。值得注意的是，自我與他人的內在世界早在兒童期就開始發展，而且主要是從他與照顧者以及他人互為主體的經驗發展而來。如果他看到照顧者以負向態度經驗他的內在世界，他將會以負向態度看待自己的這些特質，也比較不可能去多加探索那些內在角色。如果照顧者對他的內在世界顯得興趣缺缺，他也會感到毫無興趣。當照顧者顯得很有興趣要探索並了解他的內在世界時，他也會用同

樣開放與好奇的態度對自己。更重要的是，他將能發現到過程不是固定的。照顧者所提供的是一種過程與運作模式，能夠邀請他持續探索、組織與再組織彈性的自我與他人。Myla 和 Jon Kabat-Zinn（1997）所寫的可愛小書，就清楚地描述照顧者如何以反思技巧影響孩子。

 ## 發展反思的技巧

照顧者可用以下幾種主要方法來促進孩子的反思技巧。

❧ 自我反思 ❧

當照顧者主動表現出對孩子內在世界的興趣時，孩子會注意到並對自己產生相似的興趣。照顧者的行為是一致地由內而發時，孩子的行為就開始跟隨。

例如，7 歲大的彼得與爸爸一起開著車子上街，路上一輛車突然從路邊開出來，爸爸不得不減速。

爸爸：混蛋！

彼得：什麼事，爸？

爸爸：哦，我只是很氣那個司機突然從停車位冒出來，他應該要等我通過才出來的。

彼得：為什麼他沒這麼做？

爸爸：我不知道。

彼得：你罵他混蛋，他真的是混蛋哦？

爸爸：哦，我不知道吧，彼得。也許他心裡正在想著別的

155

事，也許他沒想到我會開得這麼快，我不應該被他惹到動氣的，畢竟沒有什麼損害發生嘛。他可能只是正在趕時間，也許正為了某個重要的理由。

彼得：為什麼你那時候要罵他混蛋，爸爸？

爸爸：很棒的問題。我真的不知道。可能是壞習慣吧，我猜。

彼得：有時候你說我應該要養成習慣做這個做那個，你是不是把氣別的司機變成一種習慣啊？

爸爸：呃，彼得，你逮到我嘍。事實上，我爸爸以往常常真的對其他司機很火大，就算他們沒做什麼也一樣。我想我看著看著就學到這個習慣了吧，我以前還真沒有這麼想過，我剛剛才發現，原來我開車時跟我爸爸很像吔。

彼得：你想我以後也會變成跟你有一樣的習慣嗎？

爸爸：我希望不會呢。這種習慣會讓開車的樂趣不見哦。我可以當個不對其他司機發火的安全駕駛。我會改掉這個習慣，以免我老爸傳給我的又傳給你了。

彼得：好，爸爸。你要我幫忙嗎？

爸爸：你已經幫忙我嘍，彼得。你剛剛讓我好好反省一番呢。

❥ 明確溝通 ❥

當照顧者能夠用語言和非語言將自己的意圖、相關的想法與感受說清楚時，孩子將能更加明白照顧者行為的意義。對自己的想法、感受與意圖摸不清的照顧者將會激發焦慮，而非好奇，於是她的孩

156

子會較難感受到安全，也更聚焦在安全而非探索的議題上。

　　例如，11 歲的馬蒂覺得有點無聊，於是跑去找媽媽，想和她一起玩遊戲。她發現媽媽正坐在書桌前按著計算機。

馬蒂：媽，來玩盤解碼棋好嗎？你今天經得起輸一局吧？

媽媽：現在不行，也許晚一點再說吧。

馬蒂：喔，媽，茱蒂等一下就會結束練習回家了，到那時我也得去做別的事了。

媽媽：現在不行，馬蒂，我說過了，等晚一點再說！

馬蒂：我也說了，茱蒂很快就會回家了！

媽媽：夠了！現在不要吵我！

馬蒂：天啊！（她轉身離開房間，看起來既火大又困惑。）

媽媽：（露出困擾的表情，彷彿她剛剛才覺察到自己和女兒之間發生了什麼事。）馬蒂，請你回來一下！

馬蒂：我知道你的意思了！你在忙！

媽媽：我是在忙，但那不是我想講的事。

馬蒂：那你要講什麼？

媽媽：我想讓你知道，很抱歉剛剛我這麼嚴屬的罵你。你只是想要和我窩一下下而已，但我卻一副你做了什麼可怕的事一樣，實在很抱歉。

馬蒂：沒關係啦，媽。

媽媽：我不喜歡剛剛自己對待你的方式。我在計算收支的時候老是兜不起來，原來我的錢沒有我原先想的那麼多，搞得我有點火大。但其實沒那麼嚴重啦，我只是有點煩而已，卻把它發洩到你頭上。

馬蒂：那我不是一個超級討厭鬼嘍？

媽媽：不，甜心，你是我美麗的女兒，只想和滿腹牢騷的
　　　老媽一起消磨好時光而已，我卻對你鬧脾氣！

馬蒂：不管你是不是鬧脾氣，我還是想和你一起找點事做
　　　哦。

媽媽：這真是個好主意，正好幫我離開這些數字一下子。

❧ 非評斷性 ❧

　　非評斷性的照顧者能夠放掉對孩子一定要如何想、如何感受的
需求，以本來如是的眼光看孩子，這種態度也能幫她發現孩子內在
的獨特性。當照顧者如此對待孩子時，孩子也更能夠以相似的態度
來自我覺知與自我反思。

　　以 8 歲的吉米為例，有次他看到媽媽正七手八腳地搬著採買回
來的雜貨，他放下電動玩具跑去幫她的忙。

媽媽：謝啦，吉米。要我一次搬這三大袋東西真是困難！

吉米：我知道，媽。

媽媽：我想你是想幫我。

吉米：嗯。

媽媽：我很想知道為什麼。上個月我才在想你可能就只想
　　　玩電動玩具。

吉米：我不知道。

媽媽：對啊，我還沒開口要你幫忙呢。這可是第一次不用
　　　我開口你就主動幫忙哦。

吉米：我想是吧。

媽媽：我很好奇為什麼吧。等等，你想會不會是……嘿，

吉米，我想這可能表示你漸漸長大嘍。你已經長大
了。雖然可能不是這個原因，但我想應該是吧！我
想是因為這樣吧，你認為呢？

吉米：我本來就長大啦，媽，我今年 8 歲了呢。

媽媽：對吔⋯⋯8 歲⋯⋯而且愈來愈大愈強壯嘍，我想就
是因為這個啦！

➤ 區分人與事 ➤

照顧者應將孩子的外在行為與內在世界區隔開來，如此當他在
評估是否要鼓勵或者不予鼓勵某個行為時，仍然可以傳遞出接納、
好奇與同理的態度，而非評判。透過自由地覺察自己的想法、感受
與意圖，孩子得以發展反思的技巧。沒有任何內在世界的狀態是受
限制的。

瑪莉是位高中生，最近與數學老師時有衝突。她因為覺得某件
事不公平而對老師大吼大叫，因此被罰這週每天放學後都要留校察
看。

媽媽：嘿，親愛的，你和簡老師之間發生了什麼事？

瑪莉：我真的很討厭他，媽，他實在是混蛋。

媽媽：所以你就罵他？你究竟說了什麼啊？

瑪莉：我就說他是個大混蛋啊！

媽媽：啊！我知道你為什麼會惹上麻煩了。

瑪莉：可是，他就是混蛋啊！

媽媽：這個嘛，親愛的，你愛在心裡怎麼想是你自己的事，
也是你的權利，可是當你用罵他來直接表達你對他

的看法的時候，十之八九你會惹上麻煩哦。

瑪莉：就算我說的是真的！

媽媽：是啊，親愛的，就算你說的是真的。

瑪莉：你總是說，你不會因為我怎麼想而批評我啊。

媽媽：對，我曾這麼說過，現在我也還是這麼想。但讓你惹上麻煩的不是你怎麼想，而是你怎麼表達你的想法那才是問題。

瑪莉：可是他做的事情真的很混蛋啊。

媽媽：如果你向老師說的是他的做法實在不公平，你想和他談談這個不公平，我想你不會惹上今天這個麻煩。你從他的所作所為下結論說「他是個混蛋」，又直接告訴他這個結論的時候，這就有問題了。罵人不是有用的方法，也無法解決問題，反而會引起別人的防衛和怒氣。我猜，如果有人罵你混蛋，你也會覺得生氣，而不會想去解決對方認為你們兩人之間的問題吧。

瑪莉：可是，我才不是混蛋！

媽媽：我也不認為你是，親愛的。而且我可以確定的是，簡老師也不會認為他是混蛋哦。

瑪莉：他明明就是。

媽媽：如果你覺得他是、又再跑去跟他這麼說的話，那你就會犯下一個很大的錯誤哦。

瑪莉：好啦，你講得很清楚了，我懂了啦。

媽媽：我覺得重要的事就要講得很清楚。對你不贊成他的行為就罵人家混蛋這件事，你可能要再想想。雖然你有權利這麼想，但如果你一直這麼想，也許會讓

你更難去接近他，更別提解決問題哦。

瑪莉： 我該怎麼改變我的想法？我就是這樣想啊。

媽媽： 是啊。你或許可以放慢一點，不急著因為他這麼做就下結論說他是混蛋。你想想，也許他的行為背後還有其他原因，那麼你只根據他的行動就自己認定他如何如何，是不是也對他不公平呢？也許你可以在論斷之前，先開放地想想各種可能的原因。

瑪莉： 我想你說的對吧，就像你也這麼對我一樣。

媽媽： 是有點像。謝謝你對我的肯定。

❖ 接受差異 ❖

當照顧者和孩子都察覺到並接受彼此內在世界的差異時，他們都能處於最安全的狀態，也豐厚了彼此的內在世界。當彼此的差異被接納、被視為健康的個人表徵時，孩子的反思能力就會受到鼓勵。

16 歲的凱西告訴爸爸她想去好朋友安的教會聚會，在此之前，她一直和家人積極參與教會。

爸爸： 所以你想去加入安的教會，為什麼？

凱西： 我已經去過幾次了，我很喜歡。他們真的很積極幫助有需要的人，每個人看來都像是隨時可以伸出援手。他們真的活出教會的教導。

爸爸： 我覺得我們也是喔，甜心。也許你太習慣了，反而視為理所當然呢。

凱西： 但是，他們所做的真的比我們的教會還多呀。

爸爸： 我認為教會應該不只是幫助人而已，凱西，除了助

照顧孩子的有效策略

人之外，應該還有很多事要做。教會也教導對神的
信仰、神對我們的期許。

凱西：安的教會相信我們應該奉獻十分之一的所得，我知
道你並沒有將你和媽媽收入的十分之一奉獻給教
會。

爸爸：你說的對，凱西，我們沒這麼做。而且，我們教會
也沒設下最低奉獻標準，因為我們相信應該讓人從
心而發地自己決定該捐多少給神與教會。

凱西：那有些人就會根本不捐，這樣對那些捐的人是不公
平的。那不會是神想要的。

爸爸：你怎麼能確定神要的是什麼，凱西？

凱西：我不知道，爸，但我就是知道。我覺得安的教會的
主張是對的。

爸爸：嗯，這個嘛，凱西，我猜我們兩人對於這件事的意
見沒法一樣，但是我很高興你會思考這些事，因為
這些對於導引你的生活是重要的，而你即將變成大
人，要自己決定生活中的大小事、判斷對錯。如果
你想走你認為對的道路，我支持你。雖然我會懷念
你週日和我們一同上教會的日子，但我仍支持你。

凱西：謝謝你，爸，我就知道你會支持我的。

大約六個月以後，凱西回到父母的教會，而且和她沒離開前比
起來，她的信仰反而更堅定了。

8 CHAPTER
反思

 # 反思優勢與弱點

　　當孩子做出照顧者不贊成的行為時，照顧者會從負面的角度評估孩子行為背後的動機、想法與情緒，孩子很自然地會發展出對自己的負面觀點。孩子會假設自己的動機是負向的，他往往不知不覺地被說服，相信自己真的懷著照顧者知覺到的負面動機。以下是照顧者可能對孩子的行為其背後動機的錯誤歸因：

- 他就是想偷懶。
- 他就是想要惹我生氣。
- 他才不在乎他做的事對我的影響。
- 他就是想要吸引別人的注意。
- 他自以為無所不知。
- 他根本連試都不想試。
- 他就只想到自己。
- 他就是懶。
- 他假裝的。
- 他就是想要別人替他做得好好的。
- 他嫉妒他哥哥。
- 他不敢面對後果。
- 他自認為比她厲害。
- 他在生我的氣，因為我不讓他做他想做的事。
- 他想要不勞而獲。
- 他以為可以不守信用。
- 他以為我會忘記他做過的事。

即使照顧者猜對孩子的動機，她的職責仍沒有完成。如果她能

更進一步深入探問——找出動機之下的動機，她總能發現反映孩子優勢或脆弱處的動機，並且可以針對此點給予支持與同理。假設孩子放棄嘗試了，而照顧者能再次問為什麼的話，她可能會發現他是透過不再嘗試來保護自己免於失敗的痛苦感。如果孩子已經處於無計可施的狀態，這種反應反而彰顯出其優勢，或至少他的不努力反映了深藏的挫折與無助感，照顧者當然可以針對其脆弱給予同理。

　　一個值得重複提醒的重點是：當照顧者能感受到孩子的某種動機時，會讓這個動機更形凸顯，即使在動機不明或孩子仍未知覺到自己的動機之前，照顧者可以幫忙創造。在猜測孩子的動機時，聰明的照顧者會去找出正向的動機，如此一來，正向動機十之八九能被創造出來。對第一種情況而言，她可以促進孩子內在優勢的發展，而在第二種情況下，她也透過同理調節其脆弱。

　　很多時候孩子的正向動機並不被照顧者認同。如果照顧者能有耐性、先不預設立場假設孩子的動機是負向的的話，她很可能會同意他的動機，即使是不同意他對情境的處理方式。以下是在看待孩子不乖的行為時，照顧者可以納入考慮的可能優勢力量或正向動機：

- 你看來真的很想要幫哥哥的忙。
- 你在面對這件事情時，表現得很誠實。
- 要坦白告訴我這件事，想必要有很大的勇氣。
- 我很佩服你沒有放棄。
- 你真的很想做好這件事。
- 看得出來你真的對這件事很感興趣。
- 你的朋友對你來說真的很重要。
- 雖然你很氣我，但還是能控制住自己，真了不起！
- 在惹你哥哥不高興之後你能替他做這件事，我覺得很歡喜。
- 看得出來你在傷害那隻狗時心裡很煩。

　　許多時候，孩子不乖是因為他對某件事覺得很衝突，或者因為各種原因而無法在可能的反應中做出選擇，例如，他當時可能正處於一種脆弱的位置，換成其他情境，他絕不會做出一樣的反應。當照顧者能將問題當成反映孩子潛藏的內在脆弱時，孩子往往比較容易承認並進一步討論它。如果有人將我們的某種行為視為是問題，我們就算不生氣，往往也會變得比較防衛。我們傾向於經驗到羞愧，因為問題就代表缺陷、犯錯或不夠格。然而，面對自己的脆弱，尤其是如果當時有人可以依靠的話，卻是生命中正常的現象。

　　照顧者在看待孩子不乖的行為時，有幾句反映孩子內在脆弱的陳述可供參考：

- 你真的很難接受不被允許去做那件事。
- 你好像很擔心他不喜歡你。
- 當你做錯事時，你真的對自己很嚴苛。
- 你現在看起來很困惑，有點不清楚到底發生什麼事。
- 對你來說，最近好像諸事不順。
- 當你這麼努力卻不能盡如人意時，真的會很失望。
- 要找到適當的字眼來表達你的想法真的很難。
- 有時候你會覺得很沮喪，好像一整天都被毀了。
- 有時候真的很難放輕鬆，或相信事情終究會變好。
- 你看起來很喪氣。你這麼想要卻得不到，我也覺得很遺憾。
- 你好像很擔心我會因為你犯的錯而不理你。
- 當我生氣你以前的所作所為時，你好像很擔心我從此不再在乎你了。
- 你期待的都沒有實現，你現在看起來好像有點落寞。

　　當照顧者能在孩子表現不佳時，仍看到他的內在力量或脆弱，就能幫助孩子更容易接受對他行為的評價或限制。在此情境下，是

孩子的行為——而非自身——被批評,因而能保護孩子個人與親子關係不受到衝突與負面評斷的影響。當孩子不需為自己的行為動機、想法與感受辯護時,就能面對自己的不佳行為,也能更自由地對自己行為的根源感到好奇。當他能了解引發其行為的想法、感受、知覺與意圖時,他就處於探索各種未來可能反應的最佳位置,並選擇更能滿足內在生命品質的行為。同樣地,當他能分化內在生命與行為時,會更能夠適當地經驗到罪惡感而非羞愧感。

 # 依附為焦點的對話

9 歲的納森不肯幫 6 歲的弟弟艾德從車庫裡拉出腳踏車,自顧自的先騎出去玩,因而被爸爸處罰,之後他不肯吃晚餐。媽媽本來不知道這件事,直到爸爸告訴她納森拒絕吃飯。

> **媽媽:**發生了什麼事?
>
> **爸爸:**他在房間裡嘟著嘴生悶氣,因為他丟下艾德不管,沒幫他牽腳踏車出來就自顧自的去騎車,我很生氣。
>
> **媽媽:**你對他說了什麼?
>
> **爸爸:**我只是告訴他,既然他沒做我叫他做的事,他就不能騎腳踏車。
>
> **媽媽:**那他怎麼說?
>
> **爸爸:**他說我不公平,因為他有試著牽車出來但做不到。
>
> **媽媽:**那你接著說……?
>
> **爸爸:**我說如果是這樣,他就應該來找我,而不是自顧自的走了。

媽媽：那他說……？

爸爸：他說「我有叫艾德跟你說啊」，他這樣說實在很不
負責任，他只是想要找藉口逃避責任而已。

媽媽：所以你這樣跟他說了？

爸爸：對啊，我說他只顧做自己想做的，但是既然做錯事
就要面對。

媽媽：何不讓我上樓和他談談？（離開廚房。）

媽媽：（敲敲兒子的房門後進去房間）嘿，納森，我聽說
你和爸爸吵了一架哦。怎麼樣？你還好嗎？

納森：他從來不相信我！

媽媽：啊，聽起來你不太好哦。你好像覺得爸爸不相信你
說的話。

納森：他就是不相信！他就是認為我很懶、只顧自己做自
己的事！他認為我一直很自私！

媽媽：喔，小納，難怪你那麼不開心，難怪了，如果你覺
得爸爸認為你又懶又自私的話，難怪你會對你們兩
人之間發生的事這麼不開心。

納森：他不喜歡我，媽媽，他不喜歡我！

媽媽：哦，小納，你甚至認為爸爸一點也不喜歡你！

納森：他就是不喜歡我，媽媽。（快哭的樣子）

媽媽：你怎能這麼確定呢？

納森：他說，我沒做他叫我做的事，是因為我又懶又自私！

媽媽：他是這麼說的嗎，小納？他說懶惰和自私？

納森：不是，媽，他說我只是想逃避，可是那意思是一樣
的，他就是這個意思。

媽媽：所以你是在說，對於你為什麼沒自己告訴他不能幫

艾德這件事是爸爸想錯了，那麼你認為原因是什麼，小納？

納森： 我不知道，但是我不是懶惰！

媽媽： 我知道了，我也不相信你很懶。然而，我也不認為爸爸說你想逃避時是在說你很懶。不過，我還是很好奇，是什麼原因讓你沒告訴爸爸你沒辦法幫弟弟呢？

納森： 我有叫艾德去說了啊！

媽媽： 因為……？

納森： 我不知道！

媽媽： 你認為如果艾德告訴爸爸之後，會發生什麼事？

納森： 他會出來幫艾德把車子從車庫牽出去。

媽媽： 那接著你認為會發生什麼？

納森： 我不知道。

媽媽： 你認為他會對你說什麼嗎？

納森：（突然顯得有點難過，又有點想哭的樣子）我以為他會看到我騎車，那我就會大叫，讓他看到我在車道上表演練了好久的新招數。

媽媽： 啊！你希望他能看到你騎車騎得多棒。

納森： 他從來沒看過我騎車！我想要他看看我騎得多棒。

媽媽： 這件事好像對你很特別，很想要爸爸為你現在的好技術感到驕傲。

納森： 是啊，我只是想要他說我現在真的騎得很好。

媽媽： 但是好像結果相反哦，爸爸氣你沒做到他叫你做的事。他不但沒有以你為傲，還對你失望！哦，天啊，小納，難怪對你來說很難受，你本來希望能和

爸爸更靠近，結果卻覺得你們兩人愈離愈遠了。

納森：為什麼，媽？我做錯了什麼嗎？

媽媽：你認為呢？

納森：只因為我沒去告訴他我沒辦法幫艾德牽車。

媽媽：嗯，我猜這點會有幫助，也許你爸爸會有不同的反應，也許他會問你為什麼你沒自己去告訴他，而不是假設你只是想逃避。也許，如果他知道你只是想要他出來外面看看你的單車新招數，他就會了解了，也就不會為了你叫艾德轉告他這件事生氣嘍。

納森：你真的這麼想嗎，媽？

媽媽：我也不確定，小納。但是我能確定你爸爸很愛你，我也確定我能接受你讓艾德去叫爸爸的理由，你爸爸聽到時，應該也會覺得很有道理。而且我認為，如果我們將剛剛發現的事情告訴他，他應該會想知道，也會為了你認為他心目中的你既懶又自私而覺得難過哦。我認為他會想和你談一談，小納，並且能找出方法使你們兩人再次親密。

納森：你這麼認為哦，媽？

媽媽：是啊，我真的這麼想。你要我叫他上樓，讓你們兩人有機會在吃飯前談一談嗎？

納森：我想是吧。

媽媽：好。也許之後還有時間在天黑前，讓我和爸爸一起看看你的單車新招數吧。

媽媽：（離開納森的房間並回到廚房）親愛的，你願意回到樓上和納森談談嗎？晚餐可以等一下再吃。

爸爸：當然。事情怎麼了？

媽媽：這個嘛，我想他現在很擔心你怎麼看他。

爸爸：嗯，我很不高興他沒做我叫他做的事，之後又不肯面對。

媽媽：你知道為什麼他沒做嗎？

爸爸：他只是怕麻煩，所以他可以不必顧及艾德而自己去騎車。

媽媽：聽起來是很公道的猜想，但是我想你也許要先聽他說，為什麼他讓艾德去叫你，而不是自己來告訴你。

爸爸：這很重要嗎？

媽媽：我覺得很重要。我認為如果能了解他為什麼這麼做，可以幫他感受到你並非不喜歡他，即使你仍不同意他處理這個情況的方式。

爸爸：不喜歡他？

媽媽：是啊，親愛的。當你猜想為什麼時，你認為的動機——他不想要騎車時還掛心弟弟的事——不見得真的是他的動機。我們聊了一下，他告訴我他有別的動機，而且我聽來一點也不自私哦。我覺得如果你知道這個動機，你可能不會那麼氣他不告訴你艾德的腳踏車這件事。

爸爸：所以我搞砸了？

媽媽：就像我有時候也會搞砸，而你總是可以幫我脫困一樣啊。我覺得你判斷了他的動機，但是並沒有和他核對，而你猜想的動機又讓你更氣他的行為。如果你能對他的動機感到好奇，我想你們兩人就可以解決這一切。

爸爸： 我們以前也遇過這種狀況，不是嗎？

媽媽： 我們怎麼猜想小孩的動機？對啊，經常發生呢，而且我們兩人都遇過。不要對自己太嚴格。我還真難想像我爸媽不曾對我不做事的理由既困惑又生氣呢，所以，我們已經比他們好多了。而且，如果我們能改正自己所犯的錯的話，我想納森也能原諒我們，並且知道我們真的愛他、不會評判他。也許有點慢，但是我們會愈來愈好的。

爸爸： 好吧，我上去囉。幫我的晚餐保溫吧。

照顧孩子的有效策略

CHAPTER 9

修復

　　健康的關係必然會有衝突，雙方有時會分離、發生誤會、各有志趣、對於消磨時間的優先次序看法也不同。而當此關係涉及一為親方一為子方時，健康的關係也必然包含管教。

　　主要照顧者當然不可能待命般地隨時有空回應孩子，也無法一直精準地、敏感地回應嬰兒。他們常常誤讀嬰兒的表情、誤解其需求；他們常有其他責任，而延宕其回應甚或失敗的回應，進而引發嬰兒的挫折甚至痛苦。有時，嬰兒想要某些東西，但照顧者未能迅速回應，因為他們認為對孩子無傷——甚至可能認為短暫的挫折經驗對嬰兒反而有益。在這些情況下，嬰兒的依附安全感並未受損，因為照顧者會在分離、誤會、延宕與無回應之後一致地修復關係，照顧者會回來、再次在孩子身旁、敏感地回應。照顧者透過適切地回應孩子的情感認可其痛苦，讓孩子得到安撫。當孩子可以感受到即使彼此會分離、會有差異，但關係仍會持續時，反而可以深化關係。孩子也會學到：即使照顧者不會永遠回應其想要的（want），

照顧孩子的有效策略

但她總會回應其需求（need）。關係修復是安全感的重要核心，而安全感正是促成依附關係所必需的。

不論是親子之間、夥伴之間、好友或家庭成員之間，關係若未持續修復，此關係若非就此結束，就是朝向疏遠或變淡，也無法將另一方視為依附客體（attachment figure），或者只在某些特定層面依附對方，而在過去未曾得到有益回應或修復的層面，自然就不會去依附它。

發展關係的修復

如何在個人期望和興趣與其他家庭成員的最佳利益之間保持平衡，是每個家庭都必然要面對的現實。若個別成員沒有個人內在世界的獨特性，家庭就會像個蜂窩般；而家人間沒有共同興趣與意向時，個人將感到孤立，並只關心自己的利益。沒有共享的情感、覺察與意向（互為主體）時，家庭成員將會是寂寞的個體。沒有衝突、分離、誤會與管教——以及這些現實所需的管教，家庭成員也會沒有個別性。

許多家庭面對的障礙是：不知道在家人關係決裂後可以做些什麼。在缺乏依附安全感的脈絡下，這些決裂可能製造了難以處理的情緒躁動。出於預期會有這種結果，多數照顧者和孩子傾向於採取忽視、順從或容忍的反應，以避免可能的決裂。當某成員的不舒服已經高到導致決裂發生時，可能會出現兩種反應：其一，決裂引發的情緒可能導向強烈的憤怒、恐懼、沮喪或羞愧。上述任一情緒狀態只會擴大原本的決裂，製造惡化危機，使得決裂更難修復。其二，否認或逃避情緒反應，如此一來，決裂就顯得無關痛癢。這種逃避負面情緒的短線操作手法，將關係導向較不親密、較不具意義的方

174

向，透過宣稱決裂也無所謂，則關係本身也就很可能變得無所謂了。

❧ 分離造成的決裂 ❧

　　早從童年開始，孩子很多時候會與主要照顧者分離，這期間可能是數分鐘、數小時、數天甚或數週、數月或數年。這些分離可能會引發孩子不同程度的苦惱，年紀愈小的孩子愈容易被短短的分離引發痛苦。照顧者須記得：對特定年紀的孩子來說，並沒有所謂「適當的」苦惱程度的客觀標準。以孩子表現得「像個小嬰兒」為由，而取笑他、對他生氣或漠視他，都不算是正當理由。同樣地，當孩子表現出強烈的痛苦時，照顧者也不需就此驟下結論，認為分離已超出孩子的處理能力而縮短分離的時間。

　　成人應如其所是地接受孩子的苦惱。這是孩子傳達分離讓他有多焦慮和不快樂的表示方式，他是在表達個人在分離中的主觀經驗。向孩子解釋他的苦惱有多不可理喻應該無法降低他的痛苦，生氣或嘲笑也只會增加孩子表現出來的痛苦，或導致他遮掩下來；這些反應都無法減輕其痛苦。

　　想要簡單打發孩子的痛苦，結果往往適得其反。然而，若照顧者試圖透過另一種極端的策略來避免分離，同樣也會增加孩子的痛苦。當照顧者試圖保護孩子免於分離所帶來的痛苦時，她傳達出孩子無法處理此痛苦的訊息，同時也透露出苦惱是不好的，要不惜代價去避免。透過這些行為，她表現出對孩子缺乏信心。因為孩子沒有信心，她也沒有信心。她的反應顯示出孩子沒有足夠的情緒力量來處理分離相關的痛苦。

　　當接受孩子的痛苦後，照顧者也才能明智地進一步了解其痛苦。要做到如此，她必須要以不帶評價的好奇，有意識地努力幫孩子更

仔細地描述其痛苦。當孩子能開始敍說其苦惱時，照顧者同理的回應將能讓他得到支持與安慰，覺得自己並不孤單。即使分離此一事實無法被改變，孩子的孤單感會愈來愈少。如此，即使他們的形體是分離的，照顧者反而愈能與他同在。部分由於得到照顧者的關照，痛苦本身得以減少。

透過這種中庸之道，孩子得以學會如何面對苦惱，也透過規律的分離所引發的決裂而強化其力量。照顧者既非拒絕孩子的苦惱，也不是要使他免於苦痛，她要做的是認可他、以同理共同經歷這段過程、幫孩子通過此一苦痛，藉此幫助他涵容並降低苦痛。同時，她能了解分離對他是不容易的，她不會將此置之不理，而會幫孩子去探索能更好地因應苦痛的方式——但仍不是拯救他。

照顧者仍然需要知覺到經常分離可能會侵蝕孩子的安全感。對孩子而言，經常性的不必要的分離可能意味著照顧者並不看重與孩子的相處，大人們看來有更重要的事要做。但與照顧者相處既然高居他的優先要務的前一、二名，照顧者沒有將這件事擺在相似的地位，就顯得很令人困惑。他可能會開始認為對照顧者而言，自己並沒有那麼特別，他必定是讓照顧者失望了。

為了減少孩子的恐懼，明智的照顧者宜分享為何必須分離，並說明如果可能，他們會很願意減少分離的時間。他們也可以分享自己對於無法如願與孩子共處，也會感到沮喪。

在現代社會中，雙親都需要外出工作，同時有各種不同的責任要分神操持。雖然照顧者會有想和孩子共同相處、一起共同歡樂的自然渴望，但卻忽略了生活中有許多例行的分離，孩子的苦惱也可能被忽略，久而久之，孩子也就不再表現出苦惱的樣子。但不表現出來並不等於孩子能經驗到安全感或接受分離，孩子很可能只是無可奈何地接受了，甚至以提高他們的違規行為來填滿照顧者不在的

情況。孩子也可能發展出對自己與同儕的過度依賴，藉此孩子表達出照顧者對他的重要性不像他感受到的需求那麼大，也不會大於照顧者的意願強度。如此將促成過早進入青春期的獨立期望，而引發親子間的衝突。

主要依附者如果想要協助孩子處理分離，以下是一些可以參考的方法：

1. 配合孩子的理解能力，提供與分離情境相關的訊息，包括時間長短、目的以及照顧者人會在哪裡。

2. 接受孩子所表現的各種與分離有關的情緒，以相當的情感、同理與好奇回應來鼓勵他們表達。

3. 明確告知分離何時會結束，要分開幾小時（用鬧鐘設定時間，或澄清會在哪個例行活動之後就結束了）、數天或數週（在日曆上標記，連結到一週內的某一天，或某個計畫中的活動的日子）。

4. 規律地在約好的時間內打電話給孩子確認，互相交換彼此在做什麼事，透過這些方法可向孩子傳達出照顧者很重視彼此的關係。

5. 提供特定的提醒物，讓孩子在一天中或一週中能想到照顧者。這些提醒物可以是具體的物品，或是回想到共同的興趣。

6. 將某件照顧者個人的物品借給孩子，讓孩子帶在身邊，直到她回來為止。同樣地，也讓照顧者帶著某樣孩子的個人物品。

7. 計畫某項兩人團聚時可以做的、兩人都會喜歡的活動。

8. 請孩子睡覺時帶一件聞起來有照顧者味道的衣服一起睡。

9. 照顧者應向孩子表達自己有多想念他，就如同孩子有多想念她。她不得不與孩子分離，但她因為在乎和孩子的關係而覺得難過。

10. 照顧者明確地表示她會盡力安排，以盡可能減少分離的期間
　　與頻率。

　6 歲的比利最近一週經常突然生氣地大哭、難以入睡，原因似
乎是他爸爸這個月內每週有三、四次不能回家吃晚餐，因為他爸爸
最近工作出了些狀況而需要處理，比利的祖母也有些事要他幫忙，
因此他暫時需要用傍晚的時間去處理這些事。

爸爸：你最近看來好像很不好受哦，比利。你覺得發生了
　　　　什麼嗎？

比利：我不知道。

爸爸：你不知道？隨便猜一下呢？

比利：不知道。

爸爸：我在想會不會是……因為我有好幾個晚上都不在家，
　　　　我們最近都沒辦法一起吃晚餐，我也不能送你上床
　　　　睡覺。

比利：對啊，你都沒有！為什麼？

爸爸：好問題，比利，你想知道為什麼我都不在家哦。

比利：對啊，為什麼你都不再回家了？

爸爸：有時我必須加班，有時候我要繞去祖母家幫她處理
　　　　一些事情。真希望我不用晚回來啊！

比利：為什麼你一定要去做？

爸爸：嗯，這個月有很多額外的工作，而平常會在傍晚時
　　　　去祖母家幫忙的人這個月去佛羅里達州了，祖母沒
　　　　辦法自己一個人做那些事。

比利：為什麼？

爸爸：你有很多疑問哦！我想你可能想說的是：我才不在

乎你的工作或祖母呢，我只要你在家，爸爸！

比利：我真的想要你在家！

爸爸：我知道你想，比利！我知道，我也很想早點回家。

比利：為什麼你沒有？

爸爸：我想啊，我真的很想早點回來。

比利：那就早點回來啊！

爸爸：我想要，但是祖母現在沒辦法自己照顧自己了，她需要我幫忙，比利。

比利：我也需要你啊，爸爸。

爸爸：喔，比利，我和道你想要我在家裡，真的很想！我想要回家看你、和你一起玩、送你上床，我真的很想！但是我現在有幾個晚上需要陪祖母。

比利：我很想你，爸爸。

爸爸：我也很想你，比利，真的，我真的很想你。

比利：你什麼時候才不會那麼晚回家，爸爸？

爸爸：再兩個禮拜，再過十二天，我真是等不及了！

比利：我也覺得要等好久哦。

爸爸：我有個主意可以幫我們兩個人度過這段等待的時間哦。你要不要……當我不在家的時候，你可以畫一張畫放在桌上，我回家的時候就可以看到它，我也會畫一幅畫給你，這樣你早上起床的時候也會看到它哦。

比利：好啊，爸爸。我會畫一張圖給你。

爸爸：那我也會畫一張給你哦。

照顧孩子的有效策略

✦ 管教造成的決裂 ✦

　　不論管教時間多短或程度多輕，管教經常會引發依附關係的決裂。當孩子的意圖和照顧者的意圖不能相適配時，就沒有互為主體的經驗，照顧者和孩子也就未處於協力的狀態。年齡幼小的孩子常會為此感到很挫折，難以了解為什麼照顧者不想和他分享相同的經驗，或至少積極地享受他想做的事。

　　我們可以很容易地從學步兒身上看到，和照顧者的關係是他真心喜悅與學習吸收的來源，同時也是挫折與痛苦的根源。互為主體地分享時可以創造奇蹟，管教的時刻則製造絕望。當照顧者說不的時候，學步兒常經驗到羞愧，視照顧者的動作有如轉身離去、對他不理不睬。學步兒會覺得自己好像讓照顧者失望了，同時又覺得照顧者也讓他失望了。

　　在有依附安全的情境裡，這種深層的影響力可以很快地由親子雙方共同化解。照顧者可以提供安撫，幫助學步兒處理羞愧與恐懼等負面感受，學步兒也常轉向照顧者尋求安慰。即使是照顧者說了些什麼引發孩子的苦惱，學步兒還是會向照顧者尋求安慰。即使孩子做了些什麼需要被限制的事情，照顧者還是會直覺地提供學步兒安撫，而不擔心是否會增強他的行為或寵壞他。照顧者需要持續相信自己的直覺。

　　透過在管教之後提供安撫，照顧者和學步兒都經驗到人與關係比雙方所做的事更重要，即使他們對孩子的行為有不同評價，但仍無損於對安全感、建立親密關係需求的看重。

　　如果照顧者想要透過允許孩子為所欲為來避免孩子感到痛苦的話，可能反而會走錯方向。多數人可察覺到容忍只會引發更多未來

的行為問題，所以他們會試著貫徹自己的指令。另一種照顧者可能犯下的錯誤是，當孩子因受限制而感到苦惱時，照顧者不予理會或未幫助他度過痛苦，或者不允許孩子表達其痛苦與惱怒。在後一種情境中，孩子接收到的訊息是，其內在感受也同時被評價，而他不能對照顧者有任何負面的感受。他不只要改變某些特定行為以符合照顧者的期待，他還得改變自己的內在世界，或隱藏起來不讓照顧者看到。不論他採取何種行動，都將會讓自己的情緒發展以及與照顧者的關係陷入危機。

再次強調，管教的功能是教導、引導或指導孩子的行為。在管教時，清楚地說明限制孩子的理由或其行為後果，可以幫孩子感覺到照顧者的用意是出於孩子的最佳利益。當管教是出於同理而非憤怒或切斷關係的威脅時，管教引發的情感可以被調節，孩子也能夠對行為反思，即使多數時候是不甘不願的，但他們大都能了解照顧者的觀點。

打個比方，管教是兩手作業，一隻手聚焦在孩子須被限制的行為，或是將行為轉向、提供不同選擇；另一隻手則聚焦在孩子的內在世界，對於促成其行為的因素或被限制所帶來的痛苦，都給予接納、好奇與同理。如果照顧者能在滋養孩子內在世界的同時也限制其行為，孩子將更樂於接受照顧者的指引，也更能了解管教的理由，同時仍保持關係的安全感與自我價值感。

❧ 親方失誤與不調和造成的決裂 ❧

一個重要的前提是：照顧者不可能永遠是完美的。聰明的照顧者最好不要假裝自己是完美的，或許也要讓孩子充分了解到，大人的行為並不總是滋養性的。既然照顧者看重孩子能承認犯錯，那麼

當大人犯錯時以身作則就很有示範效果。他們為自己的錯誤負起責任時，能讓孩子安心：原來他不是唯一會犯錯的人；當他們向孩子道歉時，等於透過要求原諒，讓孩子覺得自己是被看重的，孩子會了解到，雖然他只是個孩子，他仍值得照顧者平等對待——如同照顧者對他所期待的。透過道歉，照顧者同時也展現自己的誠意，因為他們是認真地看待自己的責任，將來也會盡力預防或減少犯錯。

然而，若照顧者只是口頭道歉，卻未真的採取行動來減少犯錯或預防犯下重大錯誤，那麼仍然是不夠的。如果照顧者對孩子尖叫、罵髒話，要能達成她對於保護孩子安全的承諾，她就必須盡一切力量去保證此狀況不會再發生。她不能將自己罵髒話的行為怪到孩子身上，也不能說是配偶或是生活壓力害了她。當她了解到自己的怒氣正在危害孩子的發展及兩人間的關係時，她就必須預防此狀況再度發生。她可以向擅長親職管教、親子關係的專業人員求助，或是處理自己的親密歷史，以獲得所需的協助。

❧ 親方有其他責任與興趣造成的決裂 ❧

嬰兒與學步兒以一種基本的方式將照顧者當成是自我的延伸。透過互為主體性，他多少知道自己不能像控制手一般地控制照顧者，但是他仍可以成功地引發照顧者的即時反應，從而感受到彼此間的連結、安全與確定感。

隨著孩子一天天長大，學步兒愈發覺察到照顧者並非總是照他所期待的方式回應，甚至變得比頭幾個月更少回應他的期待。照顧者有時好像有個他所不能參與的生活，而當他們在一起時——不像他們分開時是完全不見的，照顧者又不見得有反應，學步兒往往對此感到困惑。如此一來，他的安全感是否會打折扣？當他的需求未

能立即得到照顧者的回應時，他經驗到什麼？照顧者再也不會或不能滿足他的需求了嗎？他現在較沒有安全感了嗎？

學步兒學會分化自己的需要與想要。照顧者永遠會回應他的需求，但不回應他的要求的時候也不少。當他們未回應孩子的需求時，確實可能危及他的安全感，他可能會因為缺乏食物或不夠保暖而生病，他可能會因大人監督不周而受傷，或因缺乏大人的情感投入而使他的心理發展大打折扣。然而，當大人只是未回應他的要求時，即使可能受挫、失望或惱怒，他仍保有安全感。

倘若孩子不能了解照顧者只是區分需求與要求，那麼他們的不回應要求將製造困惑、喪失安全感。當照顧者不能回應時，為了孩子的最佳利益，最好能讓他了解何以照顧者另有所思。

當照顧者出於職責所在或為了個人利益，未能回應孩子的需求時，未滿足的渴望會引發立即的挫折，再加上孩子感受到的關係決裂，就引發了孩子的痛苦感。為了協助孩子了解需求與要求的不同，當下修復關係就會是重要的一步。以下幾個方法可以促成修復：

1. 注意到孩子的痛苦，並且表達了解與同理。
2. 為自己何以無法回應孩子的渴望提供簡短的說明。
3. 溝通（非語言多於口語溝通）她對於孩子能克服痛苦並維持安全的信心。
4. 提供因應技巧（例如：等待、選別的事做、要求擁抱）來幫他度過痛苦。

簡單的認可、同理與建議往往便已足夠幫孩子度過痛苦，並在照顧者忙著自己的事情時繼續做自己的事。有時候孩子會很堅持他不想等，而他呈現的痛苦程度大於照顧者所以為的，但在此情形下，照顧者多半不需要重複第 2 到第 4 的步驟，只要簡單的同理，就足以幫助孩子接受大人的決定。當照顧者能同理，同時對孩子能接受

結果有信心時，孩子的挫折容忍度就得以發展。

重要的是，照顧者不需覺得自己要負責消除孩子生命中的苦痛。挫折是兒童發展所必需的——如果他們能成功處理的話。挫折連結到未滿足的期望而非未滿足的需要，能促進兒童因應技巧的發展。她的信心可以引導孩子對自己將來處理痛苦的信心，而這種覺知是韌性（resiliency）的重要元素。不過，這不等於照顧者應該蓄意製造孩子的痛苦，生活中自然發生的苦難已經夠多了。

照顧者最能幫助孩子管理痛苦並促進修復的態度是同理。否認痛苦的存在，或試圖講道理來減少孩子的痛苦感，不是明智的做法，讓他自己一個人面對也不甚佳。照顧者要做的是認可其存在、了解、接受，並給予同理，如此可以讓孩子知道他要面對的並不是那麼巨大的困難，知道他的意願在照顧者心中是有價值的——即使有時不能被滿足，他仍然是安全而重要的，即使她不能依照他所期望的方式來回應他。

在決裂之後，僅僅簡單的相處並享受修復的愉悅自有其價值。在決裂當中，一方或雙方很可能經驗到防衛、孤立或憤怒，他們可能會有點緊張、處於警戒狀態。當修復發生時，雙方都能再次經驗到處於安全與親密關係中的放鬆和愉悅感，處於修復期的孩子比較柔軟、允許自己接受照顧者的安撫，照顧者也比較柔軟、比較會去安撫孩子。

當決裂出現時，進行修復才能讓過程完整，也向孩子再次保證決裂是自然的結果，但是不會摧毀這份關係；如此也就不需懼怕自然發生的決裂，亦無需逃避，決裂反而提醒親子雙方：這份關係對他們來說是重要的——比引發決裂的環境更重要。接受以及談論讓決裂不至於坐大；恐懼或迴避反而會養大決裂。若沒有修復決裂，建立依附所需的安全感將會被侵蝕，而依附正是讓孩子保持在發展

軌道上所需的穩定力量。

 ## 修復的阻礙

　　修復關係的最根本阻礙就是認為修復不重要。這種想法主要植基於以下三個理由：

1. 相信因決裂引發的痛苦可以隨著時間逐漸淡去。
2. 認為如果是孩子先引發決裂的話，那麼由照顧者主動修復就會顯得她很軟弱。
3. 認為如果由照顧者主動修復，就等於在增強不當行為。

讓我們更仔細地檢視一下這三個假設。

　　首先，由關係決裂引發的痛苦確實可能隨時間飛逝而減輕，當親子雙方以「沒發生過什麼事」的方式逐步連結時，孩子確實會感受到決裂已結束的放鬆感。然而，仍然存在的風險是，究竟決裂是否削弱關係的模糊性仍然存在，這種不確定性將會使依附安全置於風險之下。孩子會擔心決裂是否影響或反映了照顧者對於他是誰的看法，甚至可能產生究竟親子關係對照顧者有多重要的懷疑。

　　此外，決裂若未能解決──修復所要克服的，將可能會一再重演相同的議題，並且導致適應不良的關係模式，最終導致決裂的因素會被認為一直存在，或是永遠無法被預防。由於重複發生，親子雙方可能會將決裂當成關係的本然，而不再視之為獨立的事件或意見不合。他們會開始認為另一方毫不在乎，甚或絲毫未努力改善關係。相反地，當決裂得到修復時，關係的重要性得到確認，事件被當成單一的事件，即使未來發生相似的議題，雙方都有信心問題是可以克服的；而當後續相似的決裂發生時，關係的修復也會愈發容易。

照顧孩子的有效策略

　　第二，主動修復並非意味著照顧者是軟弱的。相反地，能採取主動，清楚地顯示出此關係對照顧者的重要性，而且不論決裂的本質為何，這份關係仍是無比重要。透過主動修復，照顧者展現出她想要孩子在關係中覺得安全，她不會以威脅其安全感為手段來改變孩子的行為——不論決裂的原因有多重要，關係本身更形重要。透過清楚明白的表態，她的權威並未受損。如果是孩子的行為引發決裂，行為本身仍須負擔其後果，但絕不等於必然要跟隨著對安全關係的不安懷疑。

　　即使修復為必需，當決裂是因孩子的行為在先而引發時，照顧者可能會覺得仍然應該由孩子主動來修復。然而，該被規訓的是行為而非關係。透過擔負起主動修復的責任，照顧者展現出將關係和管教行為區隔的態度，同時認可了自己是孩子安全感的來源，而非反之。她會承擔確保關係健康的責任，也會向孩子清楚表態此關係的重要性，甚至在他們彼此對管教意見不同時愈發強調此點。當她堅持孩子須負責主動修復時，形同清楚地向孩子表示，孩子應為關係的持續負責。但既然維繫關係並非孩子的責任，他會將照顧者未主動修復視為動機薄弱或興趣缺缺，因而認為此關係對大人而言並不重要。他會覺得較不安全，反而降低自發地採取行動的信心。即使他真的主動修復，可能也會出於認為必須「乖」、必須先道歉，才能讓照顧者重新將他放在心中的重要位置而感到憤然。

　　第三，主動修復並不會增強孩子與決裂有關的行為。依附安全是恰當管教的目標，而且不應有條件限制。安全感不應該是要靠個人努力才能換得的獎賞。

　　有些照顧者可能會擔心，雖然不是刻意要增強，但仍出現意料之外的副作用。其實如果照顧者每日每週都能提供親密感的話，是不可能出現這種情形的。當照顧者和孩子之間能有規律的安全感、

彼此投入的時候，孩子已經擁有修復所促成的親密感，自然就不會被導向為了能修復而引發決裂行為。

最後，如同我一再強調的，刻意製造孩子與照顧者之間的依附不安全，實在毫無意義可言。許多研究顯示，依附安全感與童年至成年的健康發展息息相關，製造不安全的風險之一是，這些發展的成果將大打折扣或根本無從發生。除此之外，缺乏安全依附將讓孩子置身於原本最好避免的發展問題之中，不但無法促進健康的獨立與自我依賴（self-reliance），反而因為孩子試圖自行控管情境，而形成僵化的逃避接觸行為——這些原本最好是在所信任的家人朋友陪同下一起面對的。反之，孩子也可能因為太著重於要恢復安全感，而輕忽了個人自主的需求。

依附為焦點的對話

在以下的例子中，約翰和他的媽媽在衝突中雙方都發了火，約翰憤而跑回房間。稍後，約翰的媽媽主動來修復，她並非道歉，而是要清楚表示關係對她有多重要，所以她會在每次決裂後都來修復，不論導致決裂的原因是什麼。

> **媽媽：**約翰，我不會讓你買那個電動玩具。我知道這對你
> 　　　很重要，但是我認為這不是好的時間運用方式，對
> 　　　你的心智也沒有好處。
> **約翰：**但是瑞克有啊，媽，而且這個遊戲很棒吧！你只要
> 　　　借我錢，我會用零用錢還你的。
> **媽媽：**約翰，這不是重點。不管有沒有錢，你都不能買。
> 　　　我實在不喜歡那個電玩的內容！我不想要你的頭腦

都泡在暴力中好幾個小時。

約翰：媽，我15歲了吧！現在都什麼時代了！像我一樣年紀的人一天到晚都在玩這些電玩啊！

媽媽：我知道我們在哪個世紀，約翰。而且我只需要顧好你這個15歲的人。

約翰：我不用你來替我顧東顧西的！

媽媽：還是不行，約翰，我們不用再討論了。

約翰：你真是什麼都不懂的老太婆！

媽媽：我是你媽媽，約翰！（帶著怒氣）而且你也不可以叫我老太婆！你可以對我生氣，但是你不能叫我老太婆！

約翰：我就是氣你！為什麼我不可以生氣！（衝向他的房間並甩上門）（媽媽在打開郵件後仍然很生氣，當她冷靜下來時，她開始準備晚餐。大約十五分鐘後，她覺得自己能冷靜下來修復與兒子的關係了，也猜想兒子應該可以冷靜回應了，所以她去敲兒子的房門，等了一會之後進門。約翰正躺在床上瞪著天花板。）

媽媽：你怎麼樣啊？

約翰：（沒有回應，繼續瞪著天花板）

媽媽：我們都對對方有點生氣，那時情緒確實不小，我現在已經好多了，希望你也是。

約翰：我就是不懂，為什麼我不能買那個電玩，媽。

媽媽：我知道你不了解，約翰。我知道。我也知道這件事很重要。

約翰：它是很重要啊，媽。

188

媽媽：我知道。正因如此，我很努力要確認自己做的決定是對的，所以我想過了，我的決定仍然不變。

約翰：我不懂，媽。你明知道我不會跑到街上胡亂殺人。

媽媽：我知道，約翰，我從不認為你會這麼做，我也不認為你的想像力會往那個方向走。

約翰：那為什麼不行，媽？

媽媽：因為你的心智對我很獨特，我希望它能變得更好。

約翰：那只是遊戲。

媽媽：我知道，約翰，但不是我想要你的心智花時間投入的。

約翰：（沉默）

媽媽：你還在氣我嗎？

約翰：沒有，媽，現在不氣了。也許對你的決定還是有點不高興。

媽媽：我可以做什麼幫你嗎？（微笑著碰觸他的手臂）

約翰：不用了，媽。你知道我已經 15 歲嘍。（笑著）

媽媽：（微笑）我知道啊，我眼看著你一天天變大人嘛。我很以當你的媽媽為榮哦。

約翰：我也是，媽。

媽媽：我想讓你知道，被你叫老太婆並不好受。

約翰：我知道，媽，我很抱歉，我不是故意的。

媽媽：你不覺得我很老？

約翰：嗯，你知道我的意思啦。

媽媽：什麼意思，約翰？

約翰：我不該在氣頭上那樣叫你的，很抱歉我這麼做了。

媽媽：我接受你的道歉哦，約翰。我很高興你了解為什麼

　　　　我會對那個行為覺得不高興。

約翰：我知道，媽，我真的知道。

媽媽：我很高興，約翰。我們可以對對方生氣，但不可以
　　　　因此罵人是很重要的。

約翰：我以後不會這樣了，媽，我懂了。

媽媽：當然，下次你生氣的時候，我允許你叫我小妞哦！
　　　　（大笑）

約翰：沒問題！（大笑）

CHAPTER 10

減少依附阻抗

孩子可能會抗拒與照顧者發展安全的依附關係，其理由可以有很多，例如：

- 孩子曾被親生父母虐待、疏忽或拋棄，目前由寄養或領養父母照顧中。
- 孩子在出生後的幾個月或幾年內曾更換多位主要照顧者，或被安置在幾個不同的處所。
- 孩子在出生後的頭幾個月或頭幾年曾發生嚴重的醫療問題。
- 孩子有嚴重的胎兒期問題，危及其早期尋求依附的行為。
- 主要照顧者自己的依附歷史有未解決的議題。
- 孩子出生後的頭幾個月或幾年中，主要照顧者明顯地有憂鬱困擾。
- 孩子出生後的頭幾個月或幾年中，主要照顧者呈現明顯的物質依附或心理疾病。

在許多情形下，干擾依附行為的問題原本都不大，然而，它們

的確讓照顧者與嬰兒之間無法同步，因而造成對其中一方或雙方的模糊與不確定感。模糊可能造成漸漸對另一方或雙方都失去信心，導致迴避依附相關的互動。接踵而來的負面循環可能導致長期慢性的難以形成安全依附，甚至可能在接下來數月或數年中持續發生。

這類疑惑與缺乏信心可輕易地導致責備他人的傾向——不論是親方或子方，進而構成關係困難的來源。雙方漸漸地會開始假設對方的動機是負面的（例如：自我中心、不想努力嘗試、從不知足、漠不關心等），互為主體的影響與投入自然付諸闕如。

如同負向循環可能導向依附困擾的惡化，在目前關係下發展正向的循環也可以處理過去造成的依附困擾。主動促成這種新模式的責任多數在照顧者而非孩子身上。如果照顧者能從依附的觀點看待孩子的行為與關係問題，那麼她將比較能對孩子的內在本質抱持希望，而非視之為無藥可救。可能的解決之道存在於改變他們之間關係的性質，促進關係，提供安全感，從不同的角度看待孩子的內在世界，並提供互為主體的同在陪伴以幫助孩子改變，一步一腳印。

當雙方的生命以坦誠與承諾相對時，就能開始驅散羞愧與恐懼，生活中的事件可以被接納，並被整合到雙方的共同歷史中。《依附關係的修復》這本書就是關於一位嚴重受創的孩子，書中描述她如何與預備領養的母親發展出安全依附的旅程。

依附阻抗的特徵

許多拒絕轉向照顧者尋求安全、探索自己與世界的孩子，傾向於發展出相似的自立與因應策略，這些策略反映出他們認為維護安全與認識世界是自己的責任。他們若非不能依賴照顧者（其實可以但他們認為不能），就是因為個人內在的發展與心理因素導致真的

無法依賴他人，結果他們會發展出對事件與生命客體過度警戒的傾向。他們傾向於告訴別人——包括他們的照顧者——自己認為的是最好的、別人應該做什麼；他們傾向於靠自己決定什麼才是最好的行動，也反對照顧者或別人做的決定。

這些孩子也試著迴避任何可能連結到以往的恐懼與羞愧的經驗；他們強烈逃避與先前事件有關的回憶，連帶發展出迴避目前情境中可能引發舊回憶的傾向。既然這些孩子害怕自己部分的內在心智，他們在本質上將永遠無法感到安全。他們不僅對外在事件保持過度警戒，也同樣過度防備自己，不讓內在世界浮上意識層面。有些看來平常的例行事件，卻往往讓他們大發雷霆或充滿恐懼，因為這些事件連結到過往創傷，引發強烈的情緒反應。照顧者可以透過控制讓孩子接觸何種外在世界，促進其知覺到的安全感；但如果恐懼是來自孩子內在，要能增進其安全感就會難上許多。

考量到這些孩子缺乏態度一致的依附對象可以信靠，孩子往往缺乏有安全依附的孩子所展現的發展技巧。他們的情緒經驗與表達傾向於往極端發展，沒有自動調溫裝置以彈性調節，他們對事件反思的能力較弱，因此他們對情境的反應往往是出於害怕不安全，也就帶著重複與僵硬的反應方式。

他們經常展現以下不同程度的模式：

1. 普遍想要控制生活中的人與事。
2. 難以有互為主體的經驗、交互的溝通與影響。
3. 習慣性的過度警戒。
4. 情緒反覆無常，包括強烈的憤怒、恐懼、絕望與羞愧。
5. 情緒麻木。
6. 難以預測自己或他人行為的結果。
7. 普遍有自己不可愛、無價值或不好的羞愧感。

8. 難以同理他人。

9. 難以知覺自己的內在世界——迴避、不去覺察許多回憶、想法、感受與意圖。

10. 難以精確知覺他人的內在世界——往往假設別人對他是帶著負面想法、感受與動機的。

11. 可能出現相關的言語表達、感官動作與自我照顧發展的困難。

12. 對自我、他人與依附關係都難以帶著調和與連續感，經驗傾向於片斷破碎的。

減少依附阻抗

照顧者若要增進孩子對他們的依附，應該聚焦於關係中互為主體的品質，以及居家環境中更廣泛的因素。以下是針對此兩項因素的建議。

互為主體的因素

如同前面幾章所強調的，互為主體的經驗包括雙方投入互動的當下對彼此的交互影響。在這種互動之中，親子雙方擁有共同的情感節奏與強度、覺察與目標，個人的經驗也透過經驗共享、體驗另一方的經驗而得到深化與擴充。

當照顧者邀請安全依附的孩子進入互為主體的舞蹈時，孩子多半會興奮急切地加入，或至少是樂意並有興趣的。若孩子很固定地拒絕時，她能了解並將此決定看作是他需要一段心理獨處的時間，並知道在不久以後，孩子就會再度加入舞蹈。她會在一段距離之外等待，同時專注在自己的個人興趣上，並在孩子準備好時，再度加

194

入與他互動。

　　當孩子習慣性地抗拒這種經驗時，除了等他自己準備好之外，照顧者必須考慮其他可能的反應，因為孩子可能永遠都沒法準備好。若要幫他發展出與他人互為主體地互動的能力和興趣，照顧者會需要積極地與他同在，並持續地主動投入。

　　這種主動引發的行為不能涉及威脅、憤怒、權力角力、獎賞與處罰，否則將失去互為主體的質感。當照顧者需要——重複地——發起投入的邀請時，有件事必須謹記在心：她的孩子已認定連結是困難的、是他避之惟恐不及的。她所能採取的最佳立場是溫和的堅持，以 PACE（遊玩、接納、好奇、同理）的態度持續一段時間，似乎是最有效的方式。

　　因此，當照顧者發出互為主體的邀請時，抗拒的孩子可能會退縮、變得激動、和大人辯論、無法專心，或當作完全沒注意到大人的動作。如果她接受他的回應，並且回以好奇，她就將抗拒納入互為主體的脈絡中。她選擇將抗拒的回應視為孩子獨特但有限的溝通方式，是可以讓她窺見孩子內在世界一角的方式。這片角落可能藏著被忽略的念頭、煩躁的情緒、退縮的意圖，或是對照顧者的內在世界的負面知覺。她仍回以 PACE，因為她相信孩子的行為有一部分意味著他仍然想與她連結。

　　她在當下回應孩子所溝通的主體經驗，她的訊息會是：「雖然我很想和你一起烤派，但我也很願意讓你做決定，並且分享你想要獨處的經驗。幫我了解這樣的經驗是什麼。」在這個例子裡，照顧者釋放的訊息是：互為主體地分享經驗才是她的目標。她並非只想分享特定經驗（例如：好玩、成功、興趣），而是想知道兒子的任何經驗，而如果他的經驗往往是想獨處的話，那麼她也會很想了解這個經驗，因為那是他生命中經常發生的。她的好奇可能會引至同

照顧孩子的有效策略

理（「我很好奇，心裡有這麼多想法卻只能自己一個人面對，對你來說曾覺得很不容易嗎？」），或者以好玩的態度回應（「我邀請你一起烤派時得到這樣的回應，讓我很慶幸當時沒邀你幫我洗碗盤呢！」）。無論如何，整段互動中共同蘊藏的是她對孩子當下經驗的接納——不論他的主觀經驗是什麼，她都願意和他有互為主體的連結。

下列這些反應可能都不會成功：

1. 等他自己決定要有互為主體的連結——這一等可能要好幾年。
2. 挫折之下撤退，並且因為被孩子拒絕連結而討厭他。
3. 說教；告訴孩子應該要有感恩的心，或是有反應的義務。
4. 質問他為何拒絕連結的邀請。對於他的回答或沒有答案感到挫折。

以下的回應則可能有較佳的結果：

媽媽：嘿，鮑伯，想不想和我一起烤派啊？我好像從未教過你怎麼做呢，說不定以後你會變得很擅長此道哦。

鮑伯：實際點吧！

媽媽：我很實際啊，鮑伯，我想做一個真正的派。

鮑伯：不好笑！

媽媽：好吧，也許這個笑話有點冷。但是，你怎麼了？我想找你烤派時，你好像有點生氣，這是怎麼回事？

鮑伯：烤派實在是……實在是很蠢，講得好像我真的想做一樣。

媽媽：我也真的從來沒聽你說過對於烤東西有興趣，我想這個建議真的有點過頭了，所以我可以接受你不想

196

烤東西。但是，我仍然很好奇，為什麼你對於我找你做這件事這麼不高興。

鮑伯：你應該要知道我不會想做的。

媽媽：喔，好吧，你的意思是因為我竟然不知道你對烤派絕對沒興趣，所以你生氣了。

鮑伯：是啊，你根本不了解我嘛。

媽媽：嗯，好吧，現在我比較懂了。你說的是我邀你做這件事就表示我不夠了解你，也沒花時間去了解。

鮑伯：對啊。為什麼你會認為我想烤派？

媽媽：我不是真的那麼想，鮑伯，我真的不知道，但是那時候我正在烤東西，我就想問問你。

鮑伯：嗯。

媽媽：但是你告訴我的是，你寧願我沒這麼做，因為你對我失去信心。你覺得我根本不夠了解你，甚至我沒興趣多了解你。

鮑伯：這個嘛，你有嗎？你想多了解我嗎？

媽媽：全心全意哦，鮑伯。不過重要的是你不認為我想。如果你覺得我沒興趣了解你，你可能會覺得你對我來說並不重要。

鮑伯：你認為我想要烤派！

媽媽：那就是我們有點各說各話的地方，鮑伯。我不是很注意到我的假設，我只注意到我最初的念頭是想和你一起做些事情，也許還可以發現你對烘焙有一點點興趣。我會問是因為想多了解你一點，而不是你怎麼看這個問題，所以顯得我對你一無所知、又沒興趣了解你。既然你這麼想，我想我要更清楚地表

達我的目的，你可以幫我嗎？

鮑伯：幫什麼？

媽媽：當我看來好像沒有多了解你的感覺就下判斷時，你可以告訴我，或者問我找你做這件事的目的是什麼嗎？

鮑伯：我想大概可以吧。

媽媽：太好了。這麼做可以幫我們更了解彼此哦。

要照顧者接受孩子拒絕互為主體的對話這件事，絕對是說的比做的容易。互為主體的本質讓照顧者會受孩子的抗拒影響，要能不將抗拒當成拒絕是很難的。即使了解拒絕的原因可以減少所受的衝擊，持續抗拒多半會消磨我們的心志。照顧者需要經常提醒自己：孩子的內在世界會如何將他帶離他其實頗需要的經驗——照顧者互為主體地同在可以製造安全感，以及一致的自我感。看到抗拒行為之下的羞愧與恐懼，可以導引照顧者的回應，以提供孩子所需的好玩、接納、好奇與同理。

有時光是反思還不夠，那麼照顧者就必須轉向別的大人求助，以維持這種觀點、能量與信心。她的伴侶、好友或者治療師都是幫助她持續提供孩子所需的關係時的重要助力。透過從別人身上感受到被接納、好奇與同理——如同她的依附客體，她將更能提供孩子同樣的特質。

❧ 環境的因素 ❧

未能與照顧者發展出依附安全的孩子，在日常生活中也很難感受到安全。他習慣性地依賴自己以策安全，總是要保持高度警戒及

控制。如果照顧者想鼓勵他開始信靠她能維持安全，她很可能要先專注在孩子的日常生活細節中。如果外在環境可以幫他逐漸覺得安全的話，他或許可以降低自我依賴，並開始信賴照顧者，也就是環境扮演著全靠自我與轉向他人求助之間的墊腳石。

以下將討論這類環境的核心特徵。

⊙ 提供一天的生活結構

自由時間容易變成「焦慮時間」，並製造情緒、想法與行為的失調。日常生活的例行事項應該提供各種對孩子發展所需的核心活動，包括動態與靜態的活動、互動與獨處的活動、玩耍與適當的與家事相關的活動。任何家事都需要照顧者主動參與，因為孩子的自我指導程度應該是很低的。為了要讓結構維持在有效的狀態下，照顧者的意圖應該是要給孩子禮物，而非懲罰。她之所以提供結構，是因為孩子在更小的時候沒機會體驗到環境的安全，而結構可以讓他體驗到此。預定好的例行事項都不需要他努力表現才能爭取到；它們是出於對他有好處，而且也是他所需要的經驗，而非他得表現夠好才能得到。

⊙ 減少選擇

當孩子習慣性地覺得不安時，容易對於必須在兩個或兩個以上的客體或事件之間做選擇覺得焦慮。他會執著於要找出最好的選擇，對於自己的決定沒有信心，並傾向於在做決定後數分鐘立刻後悔。當他有很多選擇時，他可能會花上數天的時間來來回回、反反覆覆——因為鄰家的草坪總是看來比較綠。當照顧者替他做決定時，他往往帶著較大的滿足感安然參與活動。一開始，他可能會反對照顧者替他做決定，但是當他較少經驗到焦慮並體驗到愉悅時，他的

反對自然就會消散。

⊙ 給予溫和的監督

首先，監督可以透過基本的身體靠近提供孩子安全感。難以依附照顧者的孩子通常會在照顧者離開時感到焦慮，即使他並不知道自己焦慮的原因。獨自一人的解組效果造成高度的失調，可能出現負向的吸引注意之行為，而且個人通常不會意識到自己的狀況。其次，監督讓孩子沒機會去選擇要或不要遵守時間表；當獨處時，他往往會較缺乏遵守的動機。孩子若常常必須在要不要遵照時間表之間抉擇，他會變得焦慮，反而會在衝動下做出不同的行為。為求有效，監督就像結構一樣，需要以正向的態度呈現才能有效，而不是當成孩子犯錯後的處罰；這應該是項禮物，而非處罰。同時，監督並非意味著照顧者想與孩子整天互動；她只是在他身旁並注意著他，而他也能覺察到她的保護與導引同在。

⊙ 安排家庭儀式

照顧者應經常安排明確的家庭儀式，讓孩子確實感受到自己是家裡的一分子，是照顧者的孩子。所謂儀式是指每天、每週、每年的固定時間表，一些可能的例子為：在晚餐前看看書中最喜歡的一句話、每週四晚上的爆米花家庭電影院、週日下午的城市探險，或是隔週六的晚上一起為全家準備晚餐；這些活動可以促進孩子的依附成為認同發展核心。透過耐心等待與同理，照顧者以平靜與堅定，盼到孩子的主動參與。

⊙ 導引成功經驗

缺乏安全依附的孩子較不會向照顧者尋求如何成功的引導，也

較不會承認所犯的錯誤並嘗試改正，或溝通自己的困難並求助，結果自然無法從經驗中學到教訓或改進之道。反之，他會一再地犯同樣的錯誤，如此泰半會製造全面的失敗感，他更可能只靠自己，變得更加過度警戒與控制，而不向他人求助。透過結構、監督與限制選擇，這種環境能助長成功的機會，變得較不容易失敗。在他能從錯誤中學習之前，給予他的環境空間要盡量維持在最小程度。

抗拒依附的孩子難以從錯誤中學習的原因不一。首先，全面的羞愧感讓他們否認犯錯、找藉口或責怪別人；其次，他們往往同時有發展障礙，使他們置身於未準備好面對的情境中。學校傾向於依附孩子的生理年齡來教養或教育他們，而非他們實際的發展年齡。由於他們基本的自我指導技巧、衝動控制、挫折容忍力與延宕滿足能力偏弱，使得他們在許多情境中面臨失敗的危險。

⊙ 給予時間，而非隔離

當孩子犯錯時，照顧者不但不能隔離他，反而得和他更加親近。她增加與孩子的肢體親近度以提供安全的背景，而非透過隔離製造焦慮。當孩子受到驚嚇或沮喪時，照顧者會直覺地這麼做，但是當孩子生氣時，則大都會忘記這件事。照顧者和孩子保持近距離的目的並非要與他互動，而是要透過她穩定與自信的同在，對他的情緒痛苦發揮一點渲染效果。她在自己的界域中覺察孩子的變化，反之亦然。當他逐漸平靜下來時，她嘗試性地主動提供安撫給他，當照顧者一天中都能規律地出現並與孩子互動時，在困難時刻安撫他就不會變成增強其行為。

當照顧者在心理上而非生理上退縮時，孩子可能更難處理焦慮。當孩子在照顧者身邊卻感覺到她不想與他有互為主體的互動時，他當然會感到孤立與被拒絕。即使她不跟他說話，他仍可以透過非語

201

言的表達感受到她的心思——她的情緒與想法——已經從他身邊飄走，而且她正以負向的角度看待他。當照顧者並未準備好再度與孩子共處時，聰明的做法是讓自己暫時出走，並用實事求是的態度向孩子解釋：大人需要時間冷靜下來，但是她很快就會回來。當孩子需要監督但照顧者又很需要出走時，理想上最好有另一個大人在旁陪伴。

受到羞愧的影響，有些孩子難以在衝突中面對照顧者在身旁。如果孩子想要，應該允許他們到另一個房間去冷靜一下，但用意絕非是隔離。當冷靜下來時，能愈快修復關係愈好，但若強要孩子在冷靜之前就參與修復，情況可能反而更加惡化。

⊙ 主動給予安撫

只想靠自己的孩子偏向於抗拒被照顧者安撫，因為他知道如果自己接受安撫，可能以後就會更加依賴她。照顧者可以用溫和、同理的字句與眼神注視來給予安撫，她可以同時輕柔地碰觸或拍撫孩子一下下，或持續一陣子——孩子能自在接受的長度。一旦感覺到孩子就快要不舒服了，她要在孩子出現明顯反應之前就停止安撫。當他說「我要自己一個人」時，她能接受而不覺得被拒絕，她知道孩子的反應只是出於恐懼。她尊重孩子想要她停下來的願望，而且下次當他又處於苦惱中時，她仍然願意再次給予安撫。當孩子非常抗拒時，安撫也可以是心理上的，不一定是生理上的。她可以說：「我想你需要一個抱抱，但是我知道你現在不想要被抱，我尊重你的想法，所以我會在我心上給你一個抱抱。」接著，她可以閉上眼睛，安靜地微笑著。如果他對此覺得困擾，她可以說：「我知道你很難看著我抱你，即使只是在我心裡，所以我會到別的房間去。」她也可以用一個填充娃娃代表孩子抱著，直到他可以接受自己被擁

抱。在能接受真正的擁抱之前,孩子大都能接受這種替代的過渡方式。

⊙ 睡眠時的安全守護

抗拒依附的孩子很可能終日過度警戒,他的生活因而過度疲累,很難過渡到晚上的睡眠循環,可能只為了怕睡著後失去控制。為了促進較佳的睡眠習性,照顧者最好在真正睡眠時間的前數小時,就開始進行睡覺時間的例行事項。在這段時間,例行事項必須是非常可預期的,愈少刺激或興奮愈好。愈接近睡覺時間,最能成功引導孩子入睡的安排是一對一時間。活動必須是靜態與可預期的,並在他能接受的程度內提供安撫。說故事或讀故事書、聽音樂、輕觸身體包括抓抓背、回顧今天一整天,或預期明天會發生什麼事等等,都是滿有幫助的活動。對於害怕夜間分離時會導致失落的孩子,安排早晨叫醒的儀式也有所助益。允許孩子帶著照顧者的毛衣上床,也可以降低他對分離的恐懼。臥房本身需要很有意識地規劃安排,從地點、房間大小、房內的東西、聲音光線等等都要考慮到。孩子對於填充玩偶、海報、放鬆音樂、夜燈的種類與位置等項目的意見,都很要緊。曾有一個孩子要求要有座水族箱,那些藍色燈光、水泡聲和游動的魚,能夠幫他很快地入睡。

⊙ 守護正向的家庭氣氛

有依附困難的孩子往往常重複經驗到憤怒、恐懼與羞愧等負向情緒,不讓這些情緒污染到其他家人是很重要的。用和孩子負向情緒類似的方式回應,會製造難以收拾的負面循環,因此,回應孩子症狀與問題之下的脆弱與優勢,而非回應問題行為本身是很重要的。挑戰在於照顧者必須維持正向的情緒音調以影響孩子,而非讓孩子

照顧孩子的有效策略

的負向情緒影響到她。

⊙ 勿給過多刺激

　　有依附困難的孩子往往很容易被過度刺激。嘈雜的、新奇的、不可預期的與改變，在他來說可能都是失調的，而非有趣好玩的事。由於缺乏情緒恆溫器，他對環境改變的反應往往擺盪在好壞兩極端之間，而非溫和的、調節的情緒。他人往往過度樂觀估計有情緒調節困難的孩子所能容忍的刺激量。當孩子的功能明顯衰退時，照顧者第一個要問的問題是：「他覺得不安嗎？」第二個問題是：「他被過度刺激了嗎？」

⊙ 確保自己的安全依附

　　當孩子有依附抗拒時，照顧者若能先修通自己的依附歷史，則最能整理並回應孩子的全面性需求。對於尚未修通的照顧者，修通將是第一要務。專業的協助就算不是必需的，也會是有助益的。即使對於已修通依附史的照顧者來說，想要長期滿足孩子的強烈需求，有個依附他人可以信靠仍是相當有幫助的。

依附為焦點的對話

　　9歲的榮恩是個常生氣的孩子，他經常用隱微的方式反抗媽媽。他的媽媽是位單親媽媽，在他4歲前曾有酗酒的問題，常常未能給予適當的監督，也未提供他基本需求的滿足。但後來她積極參加藥物濫用治療方案，在其中處理了自己的憂鬱症與失敗的親職責任議題。

　　治療師馬克已與榮恩母子建立起初步的工作關係，並注意到榮

恩的媽媽在他出生後四年間酗酒的問題仍然干擾他目前的功能。馬克安排了榮恩母子間的親子會談，希望能幫助榮恩了解到自己目前問題行為的根源，並發展母子關係間的安全感。治療師已先行與榮恩的媽媽會談，幫她在聯合會談時能討論她以往與兒子間的困難。由於她在個人治療上的重大進展，她已有足夠的安全感能向兒子承認自己過往的失敗，以協助兒子面對過去。

馬克： 榮恩，現在讓我們談談可能對你來說有點困難的事情。如果過程中你隨時需要休息，只要讓我們知道，我們隨時可以休息，好嗎？

榮恩： 嗯，好啊，那現在就先休息吧。（笑）

馬克： 現在！妙啊！可是你至少要等五分鐘，才可以要求休息。

榮恩： 好吧。

媽媽： 榮恩，與其去談你我兩人之間的衝突，馬克和我覺得談談很久以前你還小的時候，我還一直整天喝酒那時的事，可能對你有幫助。那時候我真的沒有好好照顧你。

榮恩： （很困惑地看著媽媽）

媽媽： 首先，我要告訴你，我為了所有自己做過的和沒做過的事覺得很抱歉，因為它們讓你的生活變得很難受，我非常非常非常抱歉，榮恩。

榮恩： 我知道，媽。你不必說這些事。

媽媽： 我知道。這些事我以前說過，但我說再多次都不嫌多。我很抱歉！接著，我要告訴你，那些事都不是你的錯。在你小的時候我對你不好，不是因為你做

了什麼，而是因為我自己的問題，尤其是因為喝酒，無論如何不是因為你不好。

榮恩： 你以前說你會喝酒都是我害的。

媽媽： 哦，榮恩，真的很抱歉我以前這麼說。我錯了，不是你害我的，我不該這麼說的。我當時這麼說是因為我不想承認自己的問題，也還不想戒酒，所以才怪到你身上。

榮恩： 為什麼你不試著戒酒？

媽媽： 我想我有試著戒，榮恩，但我當時不夠努力，我知道我真的沒有戒成功⋯⋯而且我傷你很深⋯⋯我真的很抱歉。

榮恩： 你不想當我的媽媽嗎？

媽媽： 喔，榮恩，我是這麼想當你的媽媽⋯⋯即使在我表現得那麼差勁的時候，我還是很想很想啊。我猜，可能正因為我這麼想當你的媽媽，當我發現我竟然搞得一團糟時，就乾脆向自己撒謊，告訴我自己做得還不錯，你還可以，如果有不好也是別人的錯。我騙我自己是那個理想中的我──我這麼想要當你的媽媽⋯⋯你的好媽媽。

榮恩： 我覺得你不想照顧我是我的錯。

媽媽： 我知道你會這麼想，榮恩，我知道你真的這麼想。很抱歉⋯⋯真的很抱歉讓你為了我犯的錯而怪你自己。認為你自己很壞、活該被我這麼嚴重傷害的想法一定讓你覺得更糟⋯⋯而且你覺得這都是你的錯。因為我沒告訴你那是我的錯，才會讓你這麼想，尤其是不改變我自己⋯⋯不變成你需要的那種

媽媽。

榮恩： 有時候我還是會想，如果我不是這個樣子，你應該可以把我照顧得比較好。

媽媽： 你已經為我的錯誤自責了那麼久，我很能了解你很難不這麼想。真抱歉，榮恩，很抱歉你仍然為了我沒照顧你而這麼想，希望總有一天你可以了解那都是我的錯，不是你的錯。這樣可以幫你覺得舒服一點，能更了解到你自己是多麼獨特。到時候，我會為你感到開心，也會以你為傲，因為我對你的傷害已經不再讓你覺得自己是壞孩子。

榮恩： 但是你並不壞啊，媽。

媽媽： 謝啦，榮恩，很謝謝你這麼看我。有時候我覺得自己很壞，因為我傷你傷得這麼深……因為我在你小的時候是個很差勁的媽媽。我知道我做了什麼……我的行為……我可以改變，我的行為不是我，但有的時候我沒辦法這麼想。有時候我會很深地自責，一點也不喜歡我自己。

榮恩： 就像我看自己一樣。

媽媽： 就像你看自己……也許我們兩人可以一起努力。但是我知道我對你的心理和想法的傷害可能大過對你身體的傷害。當你因為肚子餓而哭或沮喪，我卻很生氣地看著你時，你一定可以從我的眼中看出來，也能從我的聲音中聽出來我在生氣……我在怪你……或許你會覺得很糟、很害怕。也有些時候我傷你很深，就像有時候你只是想要我和你一起玩……或是坐在我的腿上……或是要我抱著你哄你一下、

睡前讀一本故事書，但是我卻大叫不要或是不要吵我。榮恩，我知道這種時候傷你很深……很深很深。你一定覺得我不愛你……你對我不是很特別……你活該被我這麼對待。這就是我覺得很抱歉的地方，榮恩，而且我會一直為此感到後悔。

榮恩： 還好啦，媽媽。

媽媽： 當你還那麼小的時候，你本來應該快快樂樂的，覺得被愛的、安全的、對我而言是獨特的，但是我卻奪走了你的童年……讓你沒有——我會永遠遺憾你未曾有過那樣的經驗……我也會為了以往和你相處的樣子一直覺得抱歉。

榮恩： 我們現在就可以快快樂樂的啊，媽。

媽媽： 是啊，我們現在可以，以後也可以。以後的日子……我們即將一起度過的日子將會是我一生中最快樂的時光了。

榮恩： 我也是，媽。

 ## 依附為焦點的對話之二

曾被親生父母嚴重傷害的寄養或收養兒童，往往很難與新父母建立安全的依附關係。他們會呈現對人與事極度的控制需求，對於新父母是否會將孩子的最佳利益視為優先是沒有信心的，也不會向新父母尋求安慰或安全，這種情況下，十之八九會發生以下的對話。

在這個對話中的主角琴恩今年 12 歲，三年前剛被收養，正為著收養媽媽日常生活的設限而大發雷霆。收養媽媽已接受相當多的專業輔導與支持，以了解琴恩極度混亂的內在世界、依附型態，並運

用能促進衝突解決與修復的方式溝通。

> **琴恩：**我實在很討厭你！你從來不讓我做任何事！從來不！
>
> **媽媽：**我知道你有多生氣！我真的知道！但是你真的確定討厭這個字對嗎？
>
> **琴恩：**我就是討厭你！真的！為什麼不行！看你是怎麼對我的！
>
> **媽媽：**等等！你在說什麼呀？我是怎麼對你的？
>
> **琴恩：**你覺得呢？你從來不讓我做我想做的事！
>
> **媽媽：**好，我想我懂一點了。看來你好像認為我真的從來不讓你做你想要做的。
>
> **琴恩：**我就是這麼說的！是真的！
>
> **媽媽：**等等！如果你是對的，為什麼我從來不讓你做你想做的事？我的理由是什麼？
>
> **琴恩：**我不知道！你告訴我啊！
>
> **媽媽：**但是你怎麼想的？如果我從來不讓你做你想做的，我的理由是什麼？
>
> **琴恩：**我不知道！說不定你就是想要我不好過！
>
> **媽媽：**哇！如果是這樣，難怪你對我這麼生氣。但是為什麼我要讓你日子不好過？
>
> **琴恩：**因為你討厭我，可以嗎？
>
> **媽媽：**哇，我的天！如果你覺得我討厭你的話，對你來說一定覺得很難受。
>
> **琴恩：**你就是！那又怎樣！本來就一直是這樣！我一點也不驚訝！
>
> **媽媽：**哦，琴恩！你認為我討厭你！你真的認為我討厭你，

而且你一點也不訝異，我很抱歉你是這麼想的。

琴恩： 但那是真的！一直都是！你還不懂嗎？

媽媽： 幫我多懂一點，為什麼你認為永遠沒有人在乎，每個人都討厭你？

琴恩： 因為我就是這樣的人，而且我活該！現在你滿意了嗎？

媽媽： 哦，不，我不覺得滿意！我覺得難過，我很難過你認為你活該被討厭。我很難過……非常難過。

琴恩： 你哪會在乎？你憑什麼和別人不一樣？

媽媽： 憑我看到你所沒看到的你自己，憑我愛那些你不愛自己的地方。

琴恩： 你到底在說什麼啊？

媽媽： 我在說我女兒，那個在問題表面底下、在憤怒底下的女孩。那個女孩、我的女孩，在你來這裡之前從未被發現的女孩。

琴恩： 被發現。

媽媽： 是呀，那個你出生時就存在的你；等著被看到、被愛的你。哦，親愛的，那個你等了九年才遇到我。

琴恩： 說得好像你從來沒對我生氣過一樣。

媽媽： 對我來說第一年很難，親愛的，我沒有辦法好好地看著你。你的怒氣和樣樣反抗我讓我以為那就是你，我那時不知道這些反抗只是因為你多年來認為沒有人關心你，甚至大家都討厭你……也許多數的人討厭你，所以你不得不這麼做。我很抱歉，親愛的。

琴恩： 如果我是獨特的，那麼，為什麼他們會討厭我？

媽媽：我不知道為什麼你的親生父母要這麼嚴重的傷害你，但我的確知道沒有任何小嬰兒，任何 1 歲、2 歲或 3 歲大的孩子該被他們這麼對待，我很確定地知道。我也知道你必須拚命對抗才能活下來，有些寄養父母只看到你必須對抗的部分，就因此開始認為在怒氣之下的你是很糟的。我一開始也不懂，但我現在懂了，我真的懂了。我看到在反抗底下的你，我想要你相信我——你不必再一直這麼用力地抗爭了。我真心渴望這件事實現，遠超過這世界上任何事。

琴恩：你為什麼想要這件事實現？

媽媽：因為你是我女兒，因為你對我而言是這麼地獨特，因為我看到不同的你——那個你自己所沒看見的部分，也因為我是這麼愛你。

琴恩：如果，每次你不讓我做我想做的事，我就討厭你呢？

媽媽：我還是會一直愛你，也許有時候會氣你，我會一直試著讓你也多看到不同的我，那個向你說不的行為底下的我、為什麼對你說不的我。

琴恩：為什麼你要說不？

媽媽：在我認為事情對你不利的時候，我就會說不。我希望只給你最好的，有時候我們會彼此意見不合，但我的理由是善意的。

琴恩：是呀，我們常常意見不合。

媽媽：也許，當我們愈來愈能了解彼此時……當你可以更相信我一些的時候，我們的意見不合就可以少一些。當你能相信我所看到的你是真的你時。

琴恩：你最好有點耐心。

媽媽：我會對你有耐心，也請你對我和對你自己有耐心。

琴恩：那很難。

媽媽：是啊，我知道。

ᘓ 參考書目 ᘔ

Cassidy, J. (1999). The nature of the child's ties. In J. Cassidy & P. Shaver (Eds.), *Handbook of attachment* (pp. 3–20). New York: Guilford.

Cassidy, J., & Shaver, P. R. (Eds.). (1999). *Handbook of attachment*. New York: Guilford.

Greenberg, M. T. (1999). Attachment and psychopathology in childhood. In J. Cassidy & P. Shaver (Eds.), *Handbook of attachment* (pp. 469–496). New York: Guilford.

Grossmann, K. E., Grossmann, K., & Waters, E. (Eds.). (2005). *Attachment from infancy to adulthood: The major longitudinal studies*. New York: Guilford.

Grossmann, K. E., Grossmann, K., & Zimmermann, P. (1999). A wider view of attachment and exploration: Stability and change during the years of immaturity. In J. Cassidy & P. Shaver (Eds.), *Handbook of attachment* (pp. 760–786). New York: Guilford.

Hughes, D. A. (2006). *Building the bonds of attachment (2nd ed.)*. New York: Jason Aronson.

Hughes, D. A. (2007). *Attachment-focused family therapy*. New York: Norton.

Kabat-Zinn, M. & Kabat-Zinn, J. (1997). *Everyday blessing: The inner work of mindful parenting*. New York: Hyperion.

Lyons-Ruth, K., & Jacobvitz, D. (1999). Attachment disorganization: Unresolved loss, relational violence, and lapses in behavioral and attentional strategies. In J. Cassidy & P. Shaver (Eds.), *Handbook of attachment* (pp. 520–554). New York: Guilford.

Schore, A. N. (2000). Attachment and the regulation of the right brain. *Attachment and Human Development, 2*, 23–47.

Schore, A. N. (2003). *Affect regulation and the repair of the self*. New York: Norton.

Schore, A. N. (2005). Attachment, self regulation, and the developing right brain: Linking developmental neuroscience to pediatrics. *Pediatrics in Review, 26*, 204–211.

Siegel, D. J. (1999). *The developing mind*. New York: Guilford.

Siegel, D. J. (2007). *The mindful brain*. New York: Norton.

Siegel, D. J., & Hartzell, M. (2003). *Parenting from the inside out*. New York: Jeremy P. Tarcher/Putnam.

Sroufe, L. A., Egeland, B., Carlson, E., & Collins, W. A. (2005). *The development of the person*. New York: Guilford.

Tangney, J., & Dearing, R. (2002). *Shame and guilt*. New York: Guilford.

Trevarthen, C. (2001). Intrinsic motives for companionship in understanding: Their origin, development, and significance for infant mental health. *Infant Mental Health Journal, 22*, 95–131.

Trevarthen, C., & Aitken, K. J. (2001). Infant intersubjectivity: Research, theory, and clinical applications. *Journal of Child Psychology and Psychiatry, 42*, 3–48.

筆記欄

筆記欄

筆記欄

國家圖書館出版品預行編目（CIP）資料

照顧孩子的有效策略：以依附關係為焦點之親職教育 / Daniel A. Hughes 著；
　　黃素娟, 張碧琴譯. --初版.-- 臺北市：心理, 2011.10
　　　面；　公分.--（心理治療系列；22132）
　　譯自：Attachment-focused parenting: effective strategies to care for children

　　ISBN 978-986-191-472-5（平裝）

　　1.依附行為　2.親子關係　3.親職教育

　176.85　　　　　　　　　　　　　　　　　　　　　　100019339

心理治療系列 22132

照顧孩子的有效策略：以依附關係為焦點之親職教育

作　　者：Daniel A. Hughes
校 閱 者：鄭玉英
譯　　者：黃素娟、張碧琴
執行編輯：李晶
總 編 輯：林敬堯
發 行 人：洪有義
出 版 者：心理出版社股份有限公司
地　　址：231 新北市新店區光明街 288 號 7 樓
電　　話：(02)29150566
傳　　真：(02)29152928
郵撥帳號：19293172　心理出版社股份有限公司
網　　址：http://www.psy.com.tw
電子信箱：psychoco@ms15.hinet.net
排 版 者：鄭珮瑩
印 刷 者：竹陞印刷企業有限公司
初版一刷：2011 年 10 月
初版六刷：2020 年 12 月
Ｉ Ｓ Ｂ Ｎ：978-986-191-472-5
定　　價：新台幣 250 元